中华美好山川

嵩　山

王淑清 ⊙ 编著

吉林出版集团股份有限公司

前　言

　　智者乐水，仁者乐山，中国山水雄奇伟丽，千姿百态，独具特色，与数千年文明相融合，积淀孕育了辉煌灿烂的山水文化。山山水水引发了无数的文化现象，成为中国文化的重要组成部分，也成为全人类的重要自然文化遗产。

　　山水文化的形成经历了漫长的历史过程，随着时代的进步，也在不断注入新的文明。山水首先是一种审美的文化，是最具美学价值的自然景观，给人以精神的愉悦和陶冶。《庄子》中说："天地有大美而不言，……原天地之美而达万物之理。"这正是人与自然之间的亲善而又和谐的关系的体现。人与山水之间审美关系的建立和发展，本质上是人类文明发展的表征，而我们对山水的自觉审美追求始于魏晋，当时人们崇尚自然，走向山林江湖，这种"体道"的直接结果是促进了山水文学和山水画的蓬勃发展，正如王国维所说："古今之大文学，无不以自然胜。"

　　中国人崇尚自然，喜欢山水，人们以大自然的山水为对象，创造了丰富多彩的山水文化。元人汤垕有云："山水之为物，禀造化之秀，阴阳晦冥，晴雨寒暑，朝昏昼夜，随形改步，无穷之趣。"正是对山水的无限热爱，中华民族才有了这极其可贵的文化贡献。左思说："非必丝与竹，山水有清音。"这种对山水清音的审美感受向来不只左思有，多数人亦有。中华大地，无山不美，无水不秀，"取欢仁智乐，寄畅山水阴"，庄子云："山林与！皋壤与！使我欣欣然而乐与！"这是中国人的山水观，更是一种山水情怀。

　　中国人喜爱山水，也与原始宗教文化有莫大关系。《韩诗外传》有云："山者，万物之所瞻仰也，草木生焉，万物殖焉，飞鸟集焉，走兽休焉，吐万物而不私焉。"《抱朴子·登涉》更直接说："山无大小，皆有神灵。山大则神大，山小则神小也。"古代"天子祭天地，祭四方，祭山川，祭五祀，岁遍；诸侯方祀，祭山川，祭五祀，岁遍；大夫祭五祀，岁遍；士祭其先"。对山川之神的祭祀膜拜，直接促使人们崇拜与敬畏山川，再加上我们是一个以农耕为主的民族，这使我们对山川更加依赖，与山川的关系更加紧密，这也成为我们文化的发端。

中国的文化特别是山水文化受道教哲学思想的影响较深。中国人制定礼仪规则，但又崇尚自然，老子的"人法地，地法天，天法道，道法自然"的哲学思想深受人们认同，山水文学和山水画最能直接体现这一哲学思想的影响之大。管子认为水是万物之本源，老子则说，上善若水，水善利万物而不争，处众人之所需，故几于道。这自然而然地注定中国山水文化发轫于斯。

佛教对山水文化的影响也不可小觑，天下名山僧占多，佛教对自然山水的开发和建设起了不可忽视的作用。众多的佛教名山荟萃了历代文物的精华，建筑、雕塑、书法、绘画等多有杰作存世。中国山水文化保留了历史的足迹，自古就有"读万卷书，行万里路"之说，把游历与读书相提并论，中国文化渊薮可见一斑。

中国天人合一的主体思想，以人为本，重视人与自然山水的和谐与协调。保护自然，与自然和谐共进是我们所追求的理想目标。人们涌向山川胜地体验自然是件好事，但不可使自然环境的承载能力超出其自身的净化能力，否则，许多名山大川的自然环境和人文环境就要遭受破坏，这些是人们所不愿看到的。为更好地弘扬祖国的山川文化，重视和保护祖国的美好山川，我们选择三山五岳、道教四大名山、佛教四大名山，以及黄河、长江两条母亲河共十八个山川文化遗存呈献给读者，以表达我们对祖国山川的无限敬爱。与此同时，我们也更祈盼它们能得到应有的关心和保护。

编者

2013年1月7日

目录

嵩山的由来

嵩山全景

嵩山的名称，从古至今，变化很多。

嵩山自上古起，被称为"外方"。之所以叫这个名字，说法之一是源于《尚书》，《尚书》上说，嵩山从外面看是方形，所以称其为"外方"。第二种说法是由于尧、舜的居住地都在现在的山西省南部，对于他们的部落氏族来说，嵩山在很远的地方，所以叫做"外方山"。夏禹时称其为"崇山"、"崇高"，这个称呼和大禹的父亲鲧有关。《国语·周语》中称鲧为"崇伯鲧"，说崇是鲧的封地，"崇山"就是崇地的山的意思。而"崇高"就是崇地的高山的意思，二者一是从地形说"山"，一是从地势说"高"。夏商时称"嵩高"，还是主要从山势上来说的，《尔雅》上说"山

大而高者为嵩"。到汉时，被称为中岳，则是从地理位置上来说的，认为此山居于四方中央。《史记》中记载："昔三代之君，皆在河洛之间，故嵩高为中岳。" 五代以后称"中岳嵩山"。唐武则天于695年封禅嵩山时，改中岳为神岳。而自北宋以后，都称中岳嵩山，一直至今。

《尚书》

《尚书》又称《书》、《书经》，是一部多体裁文献汇编，是中国现存最早的史书，分为《虞书》、《夏书》、《商书》、《周书》。

《国语》

《国语》是中国最早的一部国别史著作，记录了周朝王室和鲁国、齐国、晋国、郑国、楚国等诸侯国的历史，包括各国贵族间宴飨、讽谏、辩说、应对之辞以及部分历史事件与传说。

《史记》

《史记》是由司马迁撰写的中国第一部纪传体通史，记载了上自上古传说中的黄帝时代，下至汉武帝元狩元年(前122年)间共3000多年的历史（哲学、政治、经济、军事等）。

地形地貌

嵩山属伏牛山系，主脉在登封境内，连绵60多公里，东西走向，横跨中原。海拔最低为350米，最高处为1512米。地跨新密、登封、巩义、偃师、伊川等市县。用沧海桑田来形容嵩山的演化过程最为恰当。据地质学家考察，嵩山曾经是一望无际的大海，在20多亿年的时间里，经历了三次大的地壳运动之后，才逐渐形成了山脉。其上升至海平面以上后，又在地壳运动中，受到南北方向的挤压，形成了今天的山势地貌。在这样的造山运动中，嵩山岩石形成完整的体系，太古代、元古代、古生代、中生代、新生代的地层和岩石都有不同程度的表现，被称为"五世

嵩山盘山路

同堂"，而嵩山地区的岩浆岩、沉积岩、变质岩的不同岩石类型的表现，又构成了中国最古老的岩系——登封朵岩。在如此复杂的变化后，这里变成了稀有的自然地质宝库：古生物化石十分丰富，是研究古生物演化的宝贵资料；矿产资源丰富，蕴藏了丰富的煤、铝、铁、麦饭石等。

五世同堂

五世同堂是指在地球发展历史上，经历了太古代、元古代、古生代、中生代、新生代五代，贯穿整个地质发展史而形成的地形，在地质界习惯上被称为"五世同堂"。

登封

登封位于河南省中西部，中岳嵩山南麓。总面积1220平方千米，总人口60多万，有24个民族。闻名海内外的少林寺位于登封境内，是中国有名的"武术之乡"。

麦饭石

麦饭石又叫长寿石、健康石、炼山石、豆渣石，是一种天然的药物矿石，含有人体所必需的钾、钠、钙、镁、磷常量元素和锌、铁、硒、铜、锶、碘、氟、偏硅酸等18种微量元素。

地形地貌

生态环境

嵩山地区地处暖温带，属大陆性季风气候，四季分明，年平均气温在14.3℃左右，平均降水量为640.9毫米左右。一年中7月份最热，平均气温在27℃左右，1月份最冷，平均气温为0℃左右。由于此地的水热条件较好，适合多种植物生长，呈现出丰富多彩的森林景观。山区树木种类丰富，以侧柏林、油松林、刺槐林、麻栎林、榆树林、闲杂林、化香林、鹅耳枥林最为常见。再加上降水比较充沛，形成了多处优美的山水自然景观。唐朝时就有嵩山八景之说，到后代已增加到中岳二十景，到今天更有中岳三十六景的说法，可见嵩山的山、水、林、石之美之奇。到现代，更是围绕嵩山地区建立起了一个保护区，仅嵩山森林公园占地就达1582公顷，林地面积达5612公顷，森林覆盖率达57%以上，形成了一个以自然山水为主，以人工保护为辅的相对完好的生态系统。

暖温带

暖温带是气候带的分区之一，年平均温度介于13～20℃之间，以阔叶常绿林为主。日本本州南半部、九州、四国和琉球群岛等属于这一带。

秀美山色

大陆性季风气候

　　大陆性季风气候主要在中国华北平原的大部分地区，气候特点为春季多风干燥，夏季炎热多雨，秋季天高气爽，冬季寒冷干燥。春、秋相对较短，降水季节分配很不均匀。

生态系统

　　生态系统是指由生物群落及其地理环境相互作用的自然系统，由无机环境生物的生产者(绿色植物)、消费者(草食动物和肉食动物)以及分解者(腐生微生物)组成。

太 室 山

嵩山是太室山和少室山的总称。嵩山中部以少林河为界，峻极峰以东为太室山，以西为少室山，古人以太室为嵩山的主山，东西起伏不大，像一条入睡的长龙，所以有"华山如立，中岳如卧"的说法。两座高山层峦叠嶂，得到了无数文人墨客的倾慕。

太室山

嵩山有名字的山峰共有72座，于是才有嵩山七十二峰之说。

太室山的得名源于一个古老的传说，传说大禹的第一个妻子涂山氏在这里生了夏启，于是人们在山下建了启母庙，所以称此山为"太室"，"室"就是妻子的意思。太室山的主峰是峻极峰，海拔有1492米。它的名字源于《诗经·嵩

高》"峻极于天"的诗句，是说山势高峻。太室山共有三十六峰，树木苍翠，山壁峭立。登上峻极峰远眺，西有少室，南有箕山，前有颍水，北望黄河，山水美景尽收眼底。而且三十六峰峰峰都有典故传说，集自然美与人文美于一身，美不胜收。

夏启

启，历史上称为夏启，生卒年不详，是禹的儿子。禹病死后继位，成为中国历史上由"禅让制"变为"世袭制"的第一人。在位9年，病死后葬于安邑（今山西省夏县）附近。

《诗经》

《诗经》是我国第一部诗歌总集，收入自西周初年至春秋中叶500多年的诗歌305篇。先秦称为《诗》，或称《诗三百》。西汉时被尊为儒家经典，称为《诗经》。

乾隆

乾隆即清高宗爱新觉罗·弘历，为清定都北京后第四位皇帝，年号乾隆。在位60年，为巩固和发展我国统一的多民族国家做出了重要贡献，是一位较有作为的国君。

太室山

少 室 山

少室山

少室山距太室山约10千米，又名"季室山"，这是因为传说禹的第二个妻子——涂山氏的妹妹曾经在这里居住，所以人们在山下建起了少姨庙，山名也就称为"少室"。少室山总共有三十六峰，山势峻峭，诸峰如簇而姿态各异，峰峦参差，峡谷纵横，景象壮观。主峰御寨山，海拔1512米，为嵩山最高峰。山顶宽而平，分上下两层。此山的得名在《河南府志》上有记载，说金宣宗完颜珣与元太祖成吉思汗交战时，宣宗被逼出京，曾退入少室山，在山顶屯兵，所以被称作"御寨山"。御寨山西有一处水柜，人称"小饮马池"，水量能供万人饮用，传说明末李际遇起义即在此处驻兵。从此峰北望，有一组山峰互相叠压，形状如千叶舒莲，所以唐代有"少室若莲"的说

法，当地群众称作"九顶莲花山"。山北还有五乳峰，峰下是声名赫赫的少林寺。南面山的姿态很像古人戴的忠靖冠，所以又有"冠山"的称谓。

成吉思汗

　　成吉思汗是蒙古帝国可汗，名铁木真，号"成吉思汗"。杰出的政治家、军事家。庙号太祖，谥号法天启运圣武皇帝。在位期间多次发动对外战争，远达西亚、中欧的黑海。

李际遇

　　李际遇是明末农民起义领袖，登封县人，自幼务农，精于武术。明末河南遭受大旱灾，农民无以为生，李际遇率众起义，后被朝廷招安。在对清兵的战斗中被俘不降，被杀于北京。

忠靖冠

　　忠靖冠是指明代嘉靖年间制定的一种官帽。这种官帽用铁丝作框，外蒙乌纱，冠后竖立两翅，正前上方隆起，以金线压出三梁。三品以上，冠用金线缘边，四品以下不许用金。

将 军 柏

　　将军柏是指嵩山嵩阳书院内的原有的三株古柏树，在西汉元封六年（前105年）被汉武帝刘彻封为"将军"，才有了将军柏的称呼。据说当年汉武帝游嵩山时，看到柏树高大茂盛，很是惊讶，于是以见到的先后为序，封三棵柏树为"大将军"、"二将军"和"三将军"。有意思的是这三株柏树实际上的大小和它们的封号不完全相符，即"三将军"最为高大，其次是"二将军"和"大将军"。除三将军柏被毁于火外，其余两株古柏至今依然"如张帷幄，如拥车盖"。大将军柏树高12米，周围6米多，树身斜卧，说是因为被封为"大将军"所以笑歪了身子。二将军柏树高18米多，周围15米多，树干开裂，形成一个南北相通的洞，好似门户过道一样，树洞中可容纳五六个人。有人说这是因为被封为"二将军"后不服气而气破了肚皮。将军柏从受封至今，已有2000多年，赵朴初老先生留有"嵩阳有周柏，阅世三千岁"的赞美诗句。经林学专家鉴定，将军柏为原始柏，是我国现存最古最大的柏树。

汉武帝

　　汉武帝是汉朝的第七位天子。在位期间数次大破匈奴、吞并朝鲜、独尊儒术、开拓版图、遣使出使西域，加强了与西域的联系，加强了思想统治。死后葬于茂陵，谥号"孝武"。

大将军

大将军是中国古代各朝经常设置的武官职名，其实际职权变化很大，但多为高级军事指挥，甚至最高军事统帅。不同时期大将军的职位有很大区别。如汉时的大将军，位在丞相之上。

赵朴初

赵朴初（1907—2000），安徽太湖人，卓越的佛教领袖、杰出的书法家和著名的社会活动家。他一生追求进步，探索真理，为造福社会、振兴中华做出了不可磨灭的卓越贡献。

将军柏

将军柏

八 龙 潭

嵩山

八龙潭位于嵩山太室山东侧，总面积20平方公里左右，是嵩山一个著名的自然风景区。八龙潭得名于一个古老的传说：村女见到一个道士的衣服十分破旧，顿生怜悯之心，为道士补衣，谁知因之而有身孕，生下9个龙子，自此长住在这里，被尊为九龙圣母。这里是她的第八个龙子居住的地方，因此被称为八龙潭。

八龙潭景区是嵩山风景区内历史最久的景区之一，早在唐朝时，这里就已经是个名胜景区了，据说当时上至天子武则天，下至名士白居易、王维等均以到此一游为快，并留下很多诗歌作品。八龙潭的风光之奇，一奇在山的高峻，多悬崖绝壁，从岩层的纹理分布中清晰地辨别出断裂、隆起等地质现象；二奇在飞瀑深潭，纵横两道峡谷中分布着大小瀑布、石潭几十个。最大的瀑布、深潭在东西峡谷的两头。最高的瀑布高达数十米，夏日时飞流激湍，冬日里则成了冰瀑，形成奇特的冰龙，开化之时，滴水晶莹，声如碎玉。八龙潭附近有龙潭寺、九龙圣母殿等人文景点。

武则天

武则天，字"曌"，是日月当空的意思。国号为"周"，定都洛阳。史称"武周"或"南周"。在位期间，很有作为，为唐朝后来的"开元盛世"打下了良好的基础。

嵩山绝壁

峡谷

峡谷是指深度大于宽度、谷坡陡峻的谷地，是"V"形谷的一种。一般发育在构造运动抬升和谷坡由坚硬岩石组成的地段。当地面隆起速度与下切作用协调时，易形成峡谷。

九龙圣母殿

九龙圣母殿位于九龙洞口左侧，彩绘仿古二层四角空檐砖混建筑，其中大殿面积89.7平方米，是朝拜九龙圣母的场地，正殿中央为汉白玉九龙圣母像，墙两侧绘有九龙圣母传说的壁画。

峻 极 峰

太室山峰奇石怪，号称国家地质公园，其最高峰是峻极峰，海拔1492米。峻极峰景色的与众不同之处在于它的崇高与险峻，这也是它名字的来源。后来清乾隆帝游嵩山时，曾经在这里赋诗立碑，所以又被称为"御碑峰"。峻极峰上山的山路虽陡但比较易行，这是由于自古这里就是有名的胜景，所以历代都有修建。沿着台阶向上，路一下子变得陡峭起来，沿着陡峭的山路前行，前面有依山而建的峻极宫。继续向前，3个多小时就可以到达峰顶体会"峻极于天"的感受了，范仲淹来此就留有"不来峻极游，何能小天下"的名句。晴日自然可以小天下，享受纵情远望的畅快；遇到雾天，虽不能纵观天下，但可以在云雾缭绕中享受

嵩山峻极峰

一下人间仙境。

　　攀登峻极峰有两条路可供选择：一条是清乾隆皇帝登嵩山时所开辟的御路，从中岳庙后的黄盖峰北上，经青岗坪、铁链峡到达山顶。一条是自无极老母洞北上，经石船、云城、一线天、炼丹庵、十八隈、羊鼻梁直攀顶峰。这条路山势壮观，是攀登峻极峰的捷径。

石船

　　峻极宫俗称"石船"，是因为峻极宫的右侧有一巨石的形状像船一样而得名。游人到此，都要坐一下这个船许愿，希望自己的人生之旅从此岸到彼岸能够一帆风顺。

炼丹庵

　　在太室山有金壶峰，峰下有个老君洞遗址，传说是当年老子住过的地方。在十八隈下边，有炼丹庵，传说是老子炼丹的地方。

御路

　　御路是一种古代中国宫殿建筑形制，位于宫殿中轴线上台基与地坪以及两侧阶梯间的坡道，在古时只有皇帝才能使用。除此之外，太上皇、皇后大婚当日也可以走御路。

少室晴雪

少室晴雪是著名的嵩山自然八景之一，排名第七。少室山山势险峻，有很多巨大的石头，特别是少林寺正南的剑峰上，有一块很大的卧石，非常平整，像一张人工加工过的案几。夏季，每当大雨过后，天气转晴，流水顺着巨石而流下，阳光直射在上面，石案呈银白色，晶莹明亮。游人站在少林寺方丈室前的月台上举目眺望，只见白云缭绕，蓝天之下，阳光普照的山峦中闪烁出一片耀眼的银白，好似严寒隆冬中的皑皑白雪，十分喜人，所以有"少室晴雪"之称。这个景点既有自然天成的韵味，又有人工的奇思妙想，很有游玩的价值。试想盛夏之时，人在山中，却能感受到冬日景象，已是绝妙，难怪要引得唐代诗人李颀写诗抒怀了。

另一说是金宣宗为了避开元军，曾带领兵马进入嵩山。后来在突围时，他让士兵每人身上披一块白布单作为伪装向外慢慢移动，最后让士兵把白布单搭在荆棘上。从此之后，少室山北麓的山坡上出现了一片皑皑白雪。

李颀《少室雪晴送王宁》

少室众峰几峰别，一峰晴见一峰雪。隔城半山连青松，素色峨峨千万重……惜别浮桥驻马时，举头试望南山岭。

嵩山自然八景

嵩山自然八景是指由峰、谷、涧、瀑、泉、林等自然景素构成的自然八景，分别是：嵩门待月、轩辕早行、颍水春耕、箕阴避暑、石淙会饮、玉溪垂钓、少室晴雪、卢崖瀑布。

方丈

方丈原是道教的称谓，佛教传入中国后借用这一俗称。佛寺住持的居处称为方丈，也叫堂头、正堂。广义的方丈除指住持居处外，还包括其附属设施，如茶堂、衣钵寮等。

嵩山险峰

少室晴雪

嵩山潭瀑

在中国的传统文化中，人们有一种共同的认识：仁者乐山，智者乐水。所以山和水都深为中国人所喜爱，游山玩水也成为人们生活中的一大乐事。所谓山水相依，对嵩山来讲也不例外。嵩山的水量虽不大，却点缀得恰到好处：山不动而水动，山高峻而水深。泉水、溪水、潭水、瀑布，嵩山的水多姿多态，灵动、清盈、幽深、壮观，嵩山的水风格各异。所以在对嵩山的景物描述中，几乎到处都是水声水影。唐朝郑谷的"八景"诗曰：月满嵩门正仲秋，轩辕早行雾中游。颍水春耕田歌起，夏避箕岭暑收。石淙河边堪会饮，玉溪台上垂钓钩。余雨少室观晴雪，瀑布崖前墨浪流。"十二胜景"诗

山间溪水

曰：龙潭贯珠琼浆流，嵩阳洞天景色幽。少室夕照垂金钱，御寨日落苍谷口。石池高耸云崖畔，石僧迎风站山头。石笋闹林柏涛滚，珠帘飞瀑震山吼。高峰虎踞云天啸，猴子观天盼解咒。熊山积雪稍奇观，峻极远眺天地悠。

颍水

　　颍水发源于中岳嵩山，逶迤东下，流经河南登封、禹州、许昌、临颍、周口、颍上、阜阳汇入淮河，是淮河的第一大支流。

车厢潭

　　石淙河汇聚成潭，两岸崖石陡峭，形如刀切，崖下潭水洞黑，深不可测，根据它的形状取名为车厢潭。

郑谷

　　郑谷（约851—910），字守愚，汉族，江西宜春市袁州区人。唐朝末期著名诗人。僖宗时进士，都官郎中，人称郑都官。又以《鹧鸪诗》得名，人称郑鹧鸪。其诗多写景咏物之作，表现士大夫的闲情逸致。

卢崖瀑布

卢崖瀑布景区位于登封市区东北6公里处的嵩山太室山悬练峰下，是登封自然山水的代表，嵩山古代八大景之一。在悬练峰下，有一座高大的石崖，相传唐玄宗年间，卢鸿一被封为谏议大夫，但他无意做官，于是就来到嵩山隐居，在太室山下广招天下才子，设坛讲学，后人遂称此崖为"卢崖"，称卢鸿一隐居的地方为"草堂"。在他去世后，玄宗改"草堂"为"卢崖寺"。卢崖寺北的峡谷内，有一股泉水，终年不断，平时泉水泻下山崖，好似千丈珠帘高挂长空。夏秋季节，雨量充沛，水声澎湃，如雷轰鸣。而每逢阳光明丽之时，只见水光奇异，灿烂夺目。下面积流成潭，潭上突出一个黛色圆石，明朝袁宏道在上面刻有"墨浪石"三个大字，水流经过，好似墨浪。人称此景为"卢崖瀑布墨浪流"，亦称为"珍珠倒卷帘"。水、山、林、瀑，优美如画。明代诗人高出有诗为证："太室东来第几峰，孤崖侧削半芙蓉。为看飞瀑三千尺，直透春云一万重。" 此外主要景观有卢崖寺、一线天等。

谏议大夫

谏议大夫是古代的官名。秦代就设置谏议大夫的官位，主管议论。汉、三国、晋、南北朝、隋、唐各代一直沿置，但作用有时不同，品级在四品左右。

嵩山风光

卢崖寺

　　卢鸿一死后，玄宗改"草堂"为"卢崖寺"，今已废。现存寺院是卢崖下寺，原是四进院落，山门上是三间硬山式建筑，重建于1825年，山门上有"卢崖寺"石额一方，里面供有四大天王塑像。

一线天

　　一线天是一条宽不足1米，高约百米，长170米的悬崖缝隙，两侧光滑陡峭如同刀劈，仰首望天，只呈一线。传说是汉钟离等八仙从此地登嵩山主峰拜会中岳大帝时所开辟的。

玉溪垂钓

嵩山秋景

颖水流到石羊关后，有一大片河溪交错的水网地带，河道最宽处有百米以上，形成一个天然湖泊，称为"玉溪"，这里水流舒缓，湖水清澈。玉溪南边有很多处泉水，泉水从地下喷涌而出，可以高达两米，好似一串串的珍珠，飞花溅玉，人称"飞玉泉"。湖水、泉水，湖光山色，景色清幽。在湖中有一块巨石，约9米见方，游人可以在石上垂钓。在这里垂钓，既可以感受自然山水的魅力，又可以通过垂钓和古人对话，因为曾经在这里垂钓的都是历史上的俊逸人物。最先是上古时代的大隐士许由和巢父，后来就有大名鼎鼎的姜子牙。传说姜子牙不愿在朝为官，经常隐居于玉溪湖畔，在湖上钓鱼，但他用的钓鱼钩是直的。直到周文王发现他，亲自迎接他入朝，而他辅助文王、武王夺得天下。"玉溪垂钓"也随着姜子牙的名声大震而名扬天下。所以说这个景点就有了隐与仕的两重意义，从后人的评价看，怕是追求后者的更多：台前落日寒鸿哀，台下西风颍水来。一曲渝浪秋色景，白云红叶好登台。

湖泊

　　湖泊泛指陆地表面洼地积水形成的比较宽广的水域。在现代汉语中的语义稍有不同，湖与泊共为陆地水域。湖是指水面有芦苇等水草的水域，泊是指水面无芦苇等水草的水域。

泉

　　泉有两层含义，一是指含水层或含水通道与地面相交处产生地下水涌出地表的现象，多分布于山谷和山麓，是地下水的一种重要排泄方式；二是指地下水的天然露头。

隐士

　　隐士是指隐居不入仕途的人。大多数人是因为自己的政治理想和现实有很大差距才不想进入到政治之中，以此来保全自己的政治理想。这类人在中国历史上历代都有，人们称之为隐士。

玉溪垂钓

龙　阳　洞

龙阳洞险路

　　三皇寨景区是嵩山风景的重要组成部分，是一个以自然风光为主的景区。它位于嵩山少室山西麓，总面积约35平方公里，以峰奇、路险、石怪、景秀而著称。明代徐霞客有诗云："不到三皇寨，不算少林客。"足见其风景的魅力，而这个景区的另一个特别之处在于它是一个以人祖为宗，为了纪念人祖三皇在嵩山一带开天辟地之功德而命名的。

　　在三皇寨一座高峰的绝壁之上，有一个10米见方的山洞，少林寺僧德建称之为"龙阳洞"，是他常闭关静修的地方。洞内有佛龛、佛像、禅床、禅座等陈设。洞内墙壁上悬挂着中医常用的人体脉络穴位图表。佛龛两侧有一副对联，上联是"万法皆空归性海"，下联为"一尘不染正禅心"。洞前的绝壁之畔，是他习

练武功的场所。山洞的一侧还壁立着一尊天然而成的石佛，帽子衣褶、耳目口鼻清晰可辨。龙阳洞周围花草繁茂，景色宜人，是修身养性的好去处。

除自然风景之外，周围的人文景观有三皇宫、莲花寺以及三皇栈道等。

三皇

"三皇"的称谓多种多样，《史记》中记载的李斯所说三皇为"天皇"、"地皇"、"泰皇"；《古微书》中所指的三皇是"伏羲"、"神农"、"黄帝"；民间的说法是指"天皇"、"地皇"、"人皇"。

佛龛

佛龛是指供奉佛像、神位等的小阁子，如佛龛、神龛等，一般为木制，中国古代的石窟雕刻一般是神龛式，小龛又称楗。龛原指掘凿岩崖为洞，以安置佛像之所。

栈道

栈道原指沿悬崖峭壁修建的一种道路，这种道路多是交通要道。如李白《蜀道难》中有"地崩山摧壮士死，然后天梯石栈相钩连"的句子。后古代高楼间架空的通道也称栈道。

九　龙　潭

　　九龙潭位于登封境内，太室山的北麓，嵩山七十二峰峰峰景色不同，各有怡人之处，但是九龙潭因为地处偏远，目前属于未开发的风景区，也正因为如此，它也以其原始自在的形态吸引了很多游客，成为许多自助旅游者的首选景点。九龙潭半山腰有两座寺庙，一座是九龙庙，一座是九龙圣母庙。从九龙圣母庙的对联中我们可以读出关于这个景点的很多信息，这个景点的历史很长，从唐时起就香火兴旺，人们来此朝拜的很大原因是这里所供奉的九龙圣母是一位土生土长的守护神——传说本地的一位村姑因生九龙而成仙，在武则天时期加封她为九龙圣母。人们祈求

太室山一景

这位曾经生活在这片土地上的神能够特别庇护自己，风调雨顺得天时可以养身，子孙兴旺借天运可以沿袭生命。九龙潭景色又以多潭取胜，这里的潭逐级分为高低不同的三层，每层各有9个深潭，形成潭上有潭，潭下有潭，潭与潭相通，水与水相连的独特风光，水光山色加上动人的传说，格外吸引人。

麓

　　麓有两个意思，一层意思是山脚下，例如山麓、嵩山北麓等；二是指古代掌管苑囿的官吏，例如《说文》中有：麓，守山林吏也。

嵩山七十二峰（太室山三十六峰）

　　太室山和少室山各有三十六峰，合称嵩山七十二峰。太室山有三十六峰，分别是峻极、黄盖、青童、浮丘、三鹤、遇圣、万岁、玉镜、狮子、虎头、起云、凤凰、金壶、华盖、玄龟、卧龙、会迁等。

少室山三十六峰

　　少室山三十六峰分别是朝岳、望洛、太阳、少阳、石城、石笋、檀香、丹砂、钵盂、香炉、连天、紫霄、罗汉、七佛、灵隐、来仙、清凉、宝胜、瑞应、琼璧、紫盖、翠华、紫薇、药堂等。

嵩阳洞天

在太室山最高峰峻极峰的东南，有一条深涧，深涧三面是山崖，一面临渊。在西崖上有一个高大的天然石洞，穿过石洞，在山崖的半腰上有个独木小桥，就在独木桥的上方有一块突出的岩石，名为"吸肚岩"。意思是说过桥时游人必须用手抠紧石崖缝，收腹提气，小心翼翼，不能有丝毫大意。桥下的百米深涧、独木桥、凸出的岩石，使这个地方成为嵩山罕有的险境。过了吸肚岩，前面是"高登崖"。崖下有一个岩洞，洞内塑有神像，称为"嵩阳洞"。洞东山崖陡峭，云雾缭绕。洞南是深深的山谷，谷中林茂树丰，溪水清流，风景秀美，脱世绝俗。也正是因为这个特点，所以传说孤竹国君的两个王子伯夷和叔齐因互让君位，不想当君王，就逃到这里修仙。人们为了纪念二人，就在他二人住过的洞建庙祭祀，称作"二仙洞"。东边另有"舍身崖"。

和嵩山的其他景区相比，嵩阳洞天独成一种风格，集自然的险与幽、人文的隐与逸于一体，让人感受到一种来自自然山水对人心的净化与洗礼。

孤竹国

孤竹国是北方一个位于商朝边境的小国，其统治区域在冀东和辽西一带。早期疆域，西至今唐山市迁西县兴城镇，北达凌源、朝阳，东临渤海，西边和燕国接壤，南边是齐国。

伯夷和叔齐

伯夷、叔齐是商末孤竹君的两个儿子。相传其父遗命要立次子叔齐为继承人。孤竹君死后，叔齐让位给伯夷，伯夷不受，叔齐也不愿继位，先后都逃到周国，后饿死于首阳山。

舍身崖名称由来

有个叫陈报的人来到此处修仙，自认为已经得道成仙，于是从东崖最高处跳下"飞渡"，后人就称这个地方为"舍身崖"。

嵩山奇峰

嵩阳洞天

少 林 寺

嵩山少林寺山门

　　少林寺有"天下第一名刹"之称，以中国佛教禅宗祖庭和少林寺拳法的发祥地而驰名中外。它位于嵩山少室山北麓五乳峰下，面对少室山，处于高山丛林之中，所以少林寺的意思是"深藏于少室山下密林中的寺院"。少林寺始建于495年，是北魏孝文帝为安顿印度高僧传教而敕建的，后有达摩禅师来到此地广集信徒手传禅宗。在唐初，少林寺十三棍僧因救过秦王李世民，后于贞观年间多次重修。从此以后，少林寺声名大振。几千年来少林僧人潜心研究佛法与武学，影响日渐深远。到现代社会，与少林寺题材有关的电影、电视剧屡屡问世，以电影《少林寺》的影响最大，反映出人们对少林寺的钟爱。

1400多年来，少林寺经历了多次兴废。其中以军阀石友三放火焚烧少林寺最为严重，寺庙损失惨重。现存建筑有山门、方丈室、达摩亭、白衣殿、千佛殿等，已毁的天王殿、大雄宝殿等已修复。在国家的大力支持下，这座集自然文化（山水）、佛教文化、书法文化（碑林）于一体的寺院在今天已重放光彩。

白衣殿

白衣殿在千佛殿的东侧，三面墙上绘有少林拳谱壁画，生动地再现了少林寺武僧练武习拳时的场景，画面共有6幅。

军阀

军阀是旧时拥有军队、割据一方、自成派系的军人或军人集团。著名的有汉末群雄、北洋军阀、直系军阀、皖系军阀等。

千佛殿

千佛殿又称毗卢阁，是少林寺内现存最高大的殿宇，始建于1588年。殿内最引人注目的是东、西、北三面墙壁连为一体的"五百罗汉朝毗卢"的大型彩色壁画，壁画面积达320平方米。

塔　　林

　　塔林在少林寺西300米的山脚下，是自唐朝以来历代少林寺高僧的墓地，是我国现存古塔数量最多的塔墓群。自唐贞元七年（791年）至清嘉庆八年（1803年），原有砖石墓塔500多座，现存232座，最古老的是唐"法玩禅师塔"，占地面积1.4万平方公里。这些塔的大小、高矮、层级、形状不一。按层次有一层、三层、五层、七层这四种层次，最高的塔可达15米；按造型分有四角、六角、小八角、柱体、锥体、瓶体等；按形制分，有密檐式和喇嘛式等；从建筑材料上分有砖、石、砖石混合结构几种。塔身往往附有雕刻和题记。从总体上看，塔林错落有致，风格古朴典雅，雄浑庄重。

　　游少林塔林，就好像是在阅读历史。一是建筑的历史，因为它反映了各个不同时期的建筑风格，是研究我国古代砖石建筑和雕刻艺术的宝库。二是少林寺的历史，因为按佛制，只有名僧、高僧圆寂后，才有资格设宫建塔，所以塔直接体现着逝者生前在佛教中的地位与成就。

塔林

　　塔是印度古音"塔婆"的简称，意为坟墓，在我国专指僧人的坟墓。塔内一般安放逝者的灵骨或生前衣钵。因塔多，而且高低大小粗细不一，散布如林，所以称塔林。

嵩山少林寺塔林

圆寂

　　圆寂是佛教用语，梵语的意译，是指诸德圆满、诸恶寂灭，这是佛教修行理想的最终目的，所以称僧尼死为圆寂。

唐"法玩禅师塔"

　　唐"法玩禅师塔"是塔林中最古老的一座砖塔，坐落在塔林西北部，建于唐贞元七年(791)，是方形单层单檐式砖塔，高8米，通体皆用水磨砖砌造而成，塔门装饰着飞天等图案。

塔林

观　星　台

周公庙

　　嵩山观星台坐落在登封城东南的告成镇周公庙内，是我国现存最古老的天文台。嵩山是中国古代天文学的摇篮。周公庙内的"周公测景台"就是郦道元《水经·颍水注》上所称的"周公以土圭测日景处"。到唐时更换为石座石表，刻有"周公测景台"五字，作为对周公遗址的纪念。观星台就建在它北面20米处，是一座砖石结构的建筑。建于1276年，是元代著名科学家郭守敬为了改革历法、进行全国性天文大测量而修建的27所观测台中的一所。观星台由台身和石圭两部分组成，台身是一个覆斗式高台，即底部呈方形，墙体自下而上略有斜度，往上逐渐收小。高台北部壁中间有一个上下贯通的凹形槽，凹形槽正对着量天尺。量天尺就是石圭，以三十六方青石平铺而成，长达30多米。这样以立槽代替了石表，以量天尺代替了石圭，大大提高了测量的准确度。郭守敬就凭借从此观测到的数量编制出当时世界上最先进的历法《授时历》，成为天文学上的一座丰碑。登封观星台是世界上最著名的天文科学建筑物之一。

周公

周公，姓姬，名旦，也称叔旦，是周文王姬昌的第四个儿子。因为封地在周，所以称周公或周公旦，他是西周初期杰出的政治家、军事家和思想家。

郭守敬

郭守敬（1231—1316），字若思，顺德邢台（今河北邢台）人，元朝天文学家、水利学家、数学家和仪表制造家。郭守敬和王恂等人共同编制出我国古代最先进历法《授时历》。

《授时历》

《授时历》是中国古代最优秀、行用时间最长的历法。其修正了以往所用历法的错误，测定出一年二十四节气、夏至和冬至的精确时刻，推算出一年的时间，与现在测定的仅相差26秒。

嵩岳寺塔

　　嵩岳寺塔位于嵩山南麓峻极峰下嵩岳寺内，是中国现存最早的密檐式砖塔，也是我国唯一的一座十二边形塔。该塔独特之处有两个，一是它独特的平面形状，二是它优美的体形轮廓。

　　嵩岳寺塔始建于北魏年间，距今已有1450多年的历史。其由基台、塔身、15层叠涩砖檐和宝刹组成，总高41米左右，周长33米多。塔基随塔身砌作十二边形，台高0.85米，宽1.6米。塔身分为上下两段，中间有一周腰檐作为分界。下段高3.59米，是上下垂直的素壁，没有装饰，在四正面设有门道；上段高3.73米，四面有门通向塔心室，门上有装饰图案，其余八面各砌出一座单层方塔形壁龛，各转角处砌有壁柱。中部是15层密叠的重檐，檐宽逐层收分，外轮廓呈抛物线造型。最高处有砖砌的塔刹，通高4.75米。塔心室是9层内叠涩砖檐，除底平面为十二边形外，其余的都是八边形，整个塔室上下贯通，呈圆筒状。塔下有地宫。

　　嵩岳寺塔高大挺拔，轮廓柔和优美，建筑用料虽只有砖和黄泥，久经风雨却依然完好，体现出建筑工艺的高超。

嵩岳寺

　　嵩岳寺又名大塔寺，位于登封县城西北6公里太室山南麓，早先是北魏皇室的一座离宫，后改建为佛寺，至今已有1450多年的历史。嵩岳寺处于群山环抱之中，山林秀美，是一处胜景。

嵩岳寺塔

密檐式塔

密檐式塔为中国佛塔主要类型之一，是一种由楼阁式塔演变而来的新式佛塔，多是砖石结构。塔的第一层很高大，而第一层以上每层的层高却特别小，各层的塔檐紧密重叠。

塔刹

塔刹是指佛塔顶部的装饰，位于塔的最高处，是塔上最为显著的标记。由刹座、刹身、刹顶和刹杆组成。刹座一般为仰莲瓣形、忍冬花叶形或素平台座。刹身由刹杆和杆上饰物组成。

嵩岳寺塔

中 岳 庙

　　中岳庙位于太室山东麓的黄盖峰下，是历代名道士著书讲经的著名场所。中岳庙建于秦朝，原名"太室祠"，到汉武帝时进行了增建，北魏时改名为中岳庙，经过唐宋时的多次扩建，发展规模已相当宏大，明崇祯十七年(1644年)在一场大火中烧毁，清朝时又多次重修，现在的中岳庙基本上保留了清时的规模，明显具有明清官式建筑规模格局和风格特点。

　　中岳庙占地10万平方米，庙院南北长650多米，东西宽160多米。青石板铺成的大甬道是中岳庙古建筑群的中轴线，沿中轴线由南向北依次为中华门、遥参亭、天中阁、配天作镇坊、化三

中岳庙

门、峻极门、崇高峻极坊、中岳大殿、寝殿、御书楼，共十一进。中轴线的两侧分别是主建筑的配套建筑，有六角亭、四岳殿台基、御碑亭和廊庑、廊房、山房等建筑。庙的东西两路，还分别建有太尉宫、火神宫、祖师宫、小楼宫和龙王殿等独立的小院落。庙内有330株古柏、100通石碑，还有神鼎、铁人等众多文物，是一个道教文化的宝库。

道教

　　道教是发源于中国古代的传统宗教，是一个崇拜诸多神明的多神教原生的宗教形式，主要宗旨是追求得道成仙、救济世人。以《道德经》为经典，在中国传统文化中占有重要地位。

中岳大殿

　　中岳大殿是中岳庙中规模最大的建筑。面阔九间，进深五间，重歇山式殿顶，黄琉璃瓦顶，金碧辉煌。殿内正座为5米高的中岳大帝塑像，像两边有使臣侍者和镇殿将军像。

御书楼

　　御书楼是中岳庙的最后一座建筑，原名"黄录殿"，是贮存道录的地方，创建于明朝。清代皇帝祭山时，常在殿内题碑，因此改名"御书楼"。现在的建筑是民国时期重建的，不是原貌。

嵩阳书院

嵩阳书院位于太室山南麓，原名为嵩阳寺，建于北魏孝文帝时期，是佛教活动场所。隋时改名为嵩阳观，是道教活动场所。五代以后改称太乙书院。宋初又更名为太室书院，宋仁宗时改名为嵩阳书院，成为历代名人讲授经典的教育场所。明末时书院毁于战火。清代又进行了重建、增建。直到清代末年，废除科举制度，设立学堂，嵩阳书院才走完了它作为教育机构的历程。在今天当我们重新审视嵩阳书院的历史时，会从嵩阳书院的名称和功能的改变过程中，看到历朝历代统治者对它的重视，也可以看到中国文化发展的一些轨迹。

嵩阳书院是我国的四大书院之一，在它的鼎盛时期，不仅学生众多，学田众多，而且著名的讲师也多，产生的影响巨大。现今的嵩阳书院基本保持了清代的建筑布局，南北长128米，东西宽78米，占地面积近万平方米。拥有的建筑很多，共有106间，多为硬山滚脊灰筒瓦房，风格古朴大方，不流于俗。院内的"将军柏"赫赫有名，门外的大唐碑素有"嵩山碑王"之称。

四大书院

四大书院是指嵩阳书院，湖南长沙的岳麓书院，江西庐山的白鹿洞书院，河南商丘的应天书院。

嵩阳书院的建筑

嵩阳书院的建筑很多，风格古朴大方。中轴建筑共分五进院落，由南向北依次为大门、先圣殿、讲堂、道统祠和藏书楼，中轴线两侧众多配房相连。

讲师

据记载，宋代先后在嵩阳书院讲学的有范仲淹、司马光、程颢、程颐、杨时、朱熹、李纲、范纯仁等24人，司马光的巨著《资治通鉴》第9—21卷就是在嵩阳书院完成的。

嵩阳书院

法 王 寺

　　法王寺位于登封县城北部6公里的玉柱峰下，是嵩山的第一座佛寺，也是我国最早的寺院之一，比少林寺早424年。始建于东汉年间，在魏时曾改名为护国寺，后多次改名：西晋时称法华寺，隋初改称舍利寺，唐时改称功德寺、御容寺，北宋时始称大法王寺。法王寺占地约5000平方米，依山而建，从低到高七进院落，有山门、金刚殿、天王殿、大雄宝殿、地藏殿、西方圣人殿、藏经阁，规模宏大，殿堂楼阁林立，景观众多，极富观赏性。寺内保留有隋代舍利塔、唐塔、元塔等多座塔，"法王寺塔"（舍利塔）在寺的北面，是一座15层的古塔，高达40余米。寺内甬道的边上有两棵年龄在千岁以上的银杏树，高达30米，周长5米多，春绿秋黄，平添了许多清幽的意味。每年月圆之夜，明月如镜高悬于嵩门正中，从法王寺大殿的月台上观看，皓月当空，群山静寂，美不胜收，这就是有名的胜景之一——嵩门待月。

　　看塔、观树、赏月、礼佛在此一应具备。

藏经阁

　　藏经阁又称白玉卧佛殿，里面藏有一尊缅甸白玉雕成的卧佛，重达36吨，是河南省的最大卧佛，也是唯一的一尊卧佛。

天王殿

隋代舍利塔

　　隋代舍利塔在法王寺山坡上，高15层，约45米，周长28米，壁厚两米多。塔为空心建筑，从底层仰望，可直视塔顶。塔身外部的密檐层叠，使整个塔身显得更为雄伟壮观。

银杏树

　　银杏为落叶乔木，5月开花，10月成熟，果实为橙黄色的种实核果。银杏是现存种子植物中最古老的孑遗植物。变种品种有：黄叶银杏、垂枝银杏、斑叶银杏。

会 善 寺

　　会善寺位于登封城北3公里嵩山南麓积翠峰上，与少林寺、嵩岳寺等并称为嵩山名刹。会善寺原为北魏孝文帝夏季的离宫，后来捐为佛寺，隋时改名为会善寺。会善寺是佛教传入我国后最早建立的佛寺之一，千百年来声名远播，一是因寺内现存北齐、东魏、唐代、元代、清代等建筑，具有很高的历史价值，二是因为此寺名僧辈出，有道安禅师、净藏禅师、普寂禅师、僧一行等。

　　会善寺坐北向南。山门面阔五间，进深三间，硬山小灰瓦顶，中三间砌券门，明间券门上嵌长方形横匾书"会善寺"三字，里面供奉着一尊白玉阿弥陀佛。山门东西两侧各建单间硬山造掖门，后有大雄殿，月台上有明成化七年（1471年）铁钟一口。

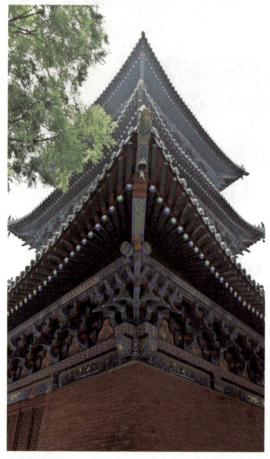

少林寺飞檐

大雄殿面阔五间、进深三间，单檐歇山顶，檐下有硕大斗拱。殿内减柱造，梁架为四椽栿搭牵，用三柱。创建于元代，后多次重修。寺内有千年桧柏、龙柏、银杏树，茂盛葱郁。有碑碣、造像、经幢、塔铭、石柱、佛座等众多石刻，此外还有众多文物遗迹。

道安禅师

道安禅师是佛教史上著名的得道寿星，历经隋唐两朝。因比其师弘忍年长20岁，赢得了"老安"的美名。道安的长寿是因为他谦让的美德和宠辱不惊的心态。他和神秀是弘忍的弟子。

普寂禅师

普寂禅师是唐时僧人。幼年即修学经律，后到荆州玉泉寺师事神秀6年。开元初，往嵩岳嵩阳寺弘扬禅法。后被召到长安，王公大臣竞来礼谒。卒年89岁，谥"大慧禅师"。

僧一行

僧一行，唐代杰出天文学家，在世界上首次推算出子午线纬度一度之长，编制了《大衍历》。僧一行是佛教密宗的领袖，著有密宗权威著作《大日经疏》。

会善寺

永 泰 寺

永泰寺位于登封市区西北约11公里处的太室山西麓，坐东朝西，面对少林寺，群山环绕，景色清幽。永泰寺是佛教禅宗传入中国后修建的第一座尼僧寺院，也是我国现存年代最早的一家皇家尼僧佛寺，被称为佛教禅宗尼僧祖庭，与"天下第一名刹"少林寺有姊妹院之称。永泰寺曾是北魏文成帝女儿转运公主、南朝时期梁武帝的女儿明练公主、北魏孝明帝的妹妹永泰公主削发为尼并潜心修行的居所。其中永泰公主以乐善好施闻名，赢得了广大群众、僧尼的崇敬、爱戴，到唐时寺院索性就以永泰公主的名字命名。

永泰寺现存的建筑共分五进：山门、天王殿、中佛殿、大雄宝殿、皇姑楼，厢房有伽蓝殿、六祖殿等。在寺院后山坡上有唐永泰寺塔，金代均庵主塔，明代肃然、无为普同之塔等古塔。寺内散存有唐代以来的碑碣、石雕等40余座。古树有被称为"佛门旗杆"的大杨树，单株结果的有银杏树、牧羊女树、娑罗树。永泰寺是一处完整的以佛教尼众文化为特色的风景旅游区。

牧羊女树

"牧羊女树"是指中国第一部武打动作片《少林寺》电影中，牧羊女放羊的场地中唯一的一棵树。

嵩山寺庙

娑罗树

　　"娑罗树"是东汉年间由印度高僧摄摩腾、竺法兰用钵带至中国的贡品。起初栽在白马寺，后移植永泰寺，在永泰寺已有1500年的历史了，成为了中印文化交流的见证。

唐永泰寺塔

　　唐永泰寺塔位于寺院后东北的山坡上，具有典型的盛唐时期建筑风格，属唐代单层密檐式砖塔，呈抛物线形，柔和优美，造型精致，是我国现存为数不多的唐塔塔刹中的杰作。

永泰寺

嵩　门

嵩山南麓是法王寺，背后是太室山，两边有峻岭，古刹位于中间。寺东有两座山峰，嶙峋突出，相互对立，形状如门，所以称为"嵩门"。每逢月半，一轮皎月如盘，从半圆形的门洞中升起，就好似玉镜镶在架中，月光如水银倾泻，群山如洗，景色绝妙。自古以来，人们每逢中秋佳节，都会从四面八方会聚于此，携带名酒，邀好友，高谈阔论，饮酒欢歌，等待月出嵩门，饱览胜景。直过半夜，仍留恋不舍，所以才有"嵩门待月不忍归"的说法，诗赞不绝。

人们对于嵩门待月的情感一方面是出于对自然景色的欣赏，另一方面是来自一个美丽动人的

嵩山险路

传说。很久以前，有一个叫"毛妮"的姑娘和一个名叫"好汉"的小伙子，从财主家里逃出来住在嵩山的深山中。一个住南坡，一个住北洞，白天在山上育"参苗"，夜里越过山峰相会，他们的勤劳恩爱感动了天神，天神一剑把山峰劈出了个门。月亮就藏在圆门的山后边，等毛妮与好汉相会的时候，给他二人照明引路。所以游览此景，既是在赏月，又是在感悟爱情。

财主

旧时财主是指有大量财产的人，主要指靠剥削为生的富有的人家。如《通俗编·贷财》中所解释的那样：古云财主，俱对债者而言，非若今之泛称富室。

古刹

古刹是指年代久远的寺庙。南朝徐陵《出自蓟北门行》诗中有："燕山对古刹，代郡隐城楼。"元李好古《张生煮海》第一折中也有："偶然闲游海上，因见古刹清凉境界。"

天神

天神泛指天上的诸神，包括主宰宇宙之神及主司日月、星辰、风雨、生命等神。《淮南子·天文训》中有："天神之贵者，莫贵于青龙。"

初　祖　庵

　　初祖庵位于五乳峰下，离少林寺不到两公里，是为了纪念禅宗初祖达摩在此面壁修行而修建的一座完整的小型寺院，所以又称"达摩面壁庵"。该庵修建于北宋年间，经过不断的重修增修之后，规模有所扩大。现在的初祖庵南北长82米，东西宽38米，中轴线上有山门、大殿和千佛阁三进，两侧有面壁亭和圣公圣母亭相对。初祖庵大殿是河南省现存最古老的木结构建筑，长12米，宽11.3米，高约10米。墙体有12根高3.4米的八角雕花檐柱，柱上图案丰富明丽。殿内的四根明柱雕工精致，须弥座神台的背景颇具生活风情。大殿东、西、北三壁存有清代绘的23幅禅宗祖师彩色壁画，画工精细。此外，六祖手植柏也是重要一景，它在大殿外东南角，是一棵两围粗的古柏。其是六祖慧能于唐朝初年从广东用钵盂带回栽植于此，所以称六祖手植柏。树旁立有清康熙四十四年（1705年）石刻一块，石刻上书："六祖手植柏，从广东至此"。而庵内的历代名家手书碑及碑刻40余件，也值得一赏。

背景

　　这里是指须弥座神台的背景，此处的背景是一幅长卷式山水人物浮雕，东端为半隐于山中的殿阁，旁边树上有鸟巢，山间有人赶路，河中有人撑船，桥上有人行走，很有生活气息。

山门

山门原名伽蓝祠，为初祖庵大门，原为明初建筑，民国初山门倒塌，仅存殿基，1986年依照《少林寺志》记载山门旧式重建，山门殿面阔三间，内塑四大天王像。

千佛阁

千佛阁位于大殿后，是清朝初祖庵住持福缘创建，内供达摩塑像，并供有观音和二祖慧可的像。该殿面阔三间，进深六架。千佛阁前两侧，1996年扩建东西厢房两座，面阔各五间。

寺内建筑

初祖庵

二 祖 庵

二祖庵位于少林寺常住院对面的钵盂峰顶。因为它与北面的初祖庵遥遥相对，所以又称为"南庵"。相传禅宗二祖慧可立雪断臂后到钵盂峰顶养伤修炼，后来为了纪念二祖慧可，在北宋后期修建此庵。

二祖庵是少林地区地势最高的一座古建筑，坐北向南，原是一座完整的四合院，前面有山门，东西有配殿，北面是正殿。

寺内小径

山门供奉韦驮；西配殿供紧那罗；东配殿供菩萨。山门及东西配殿早已毁坏，只有正殿得以保存，还是明嘉靖年间重修留下的，后经明清两代的不断增修，到1990年，又恢复了一座简易门，重建了围墙。正殿名二祖殿，为硬山式建筑，面阔三间，前檐下有明柱两根。殿内供二祖慧可塑像。正殿外有许多可观之物：殿东檐下有一口大铁钟，重达千斤，周围铸有铭文，有八唇，刻有八卦，保存完好。庵前有唐时的无名塔、元时的缘公庵主塔、明时的隐光璞公塔等三座古塔，而九件石碑都是为记载明清两代重修此庵而立的。庵院内的多株古柏和四眼古井，也为二祖庵添色不少。

立雪断臂

立雪断臂是指二祖慧可为了求得达摩开法门传禅法而做的努力，一是于严冬之时彻夜站在雪中，二是取利刃断臂。此后，达摩祖师深受感动，开始对慧可进行教诲。

铭文

铭文是指在金属铸器，如鼎、钟等上，以突起或凹陷的形式铸造或刻制的文字，或刻在硬币、勋章、奖章、纪念章、印章、器物上的文辞，具有称颂、警戒的性质，多用韵语。

四眼古井

四眼古井传说为二祖慧可卓锡而成，所以称为"卓锡井"或"卓锡泉"，至今已有700年的历史。据说，四口古井的水味各不相同，当地群众称之为"苦"、"辣"、"酸"、"甜"四眼井。

达 摩 洞

在五乳峰离绝顶数十米的地方，有一深约5米、宽约3米的天然石洞，这就是达摩面壁9年处，人称"达摩洞"。达摩，全称菩提达摩，意思是"觉法"。自称佛传禅宗第二十八祖，为中国禅宗的始祖，故中国的禅宗又称达摩宗，达摩被尊称为"东土第一代祖师"、"达摩祖师"。他生于印度，婆罗门族，传说他是香至王的第三子，出家后倾心大乘佛法，师从般若多罗大师。在中国南朝梁武帝时期航海到广州，梁武帝信佛。达摩至南朝都城建业会见梁武帝，但两个人见解不同，谈不到一起。于是达摩渡江北上，来到嵩山少林寺，面壁9年，后来把衣钵传给了慧可。

相传达摩到少林寺后曾在这个洞内面壁9年，由于年深日久，身影投于洞内石上，竟留下了一个面壁姿态的形象，而且衣褶皱纹都隐约可见，就有如一幅淡色的水墨画，人们把这块石头称为"达摩面壁影石"。后来少林寺寺僧害怕影石丢失，于是将影石凿下放入少林寺保存。达摩洞内有达摩、慧可的石雕像，洞前有一座明代的石坊。

菩提

"菩提"一词是梵文的音译，意思是觉悟、智慧，用以指人如大睡初醒，豁然开悟，突入彻悟途径，顿悟真理，达到超凡脱俗的境界等。

婆罗门族

婆罗门教把人分为四种。最高等级是婆罗门，包括教士和学者；第二等是级刹帝利，包括贵族和战士；第三等级是吠舍，包括农夫和客商；首陀罗是第四等级，包括农奴和奴隶。

建业

建业是历史上三国时期的吴，南北朝南朝宋、齐、梁、陈，五代十国之一的吴这几个朝代建立"都城"的地方，今指南京。汉末孙权迁都于此，称作建业，为南京建都的开始。

达摩石刻

达摩洞

清 凉 寺

　　清凉寺，寺因山而得名，位于登封市西南10公里的嵩山少室山清凉峰下，始建于唐代。寺院坐北面南，因年久失修损毁严重。现存主要建筑有大殿、山门、东顺山房等金、清时期殿宇15间；寺内散存有金、清时期的碑刻及唐至清代古树数株。在对清凉寺的众多描述中，刘敦桢先生的《豫北建筑史考察纪略》很是详细："登封清凉寺创建于金贞祐年间之前，历代多有修葺，现仅存山门和大殿。大殿面阔三间，进深三间，单檐歇山琉璃瓦顶，殿的内外檐下均施三踩斗拱。殿内屏壁上有金代风格的彩色壁画。殿前有月台。该大殿平面方形，用真昂，梁架结点用襻间、坐斗、大型覆盆柱础等均为早期手法，这在河南古代木构建筑中很有价值。寺内还有古碑三通，其中金贞祐四年（1216年）《登封重修清凉寺禅院记》，记述金代重修清凉寺的缘由和经过，是研究该寺的珍贵资料。另有《清凉寺相禅师塔铭序引》碑和清道光二十六年（1846年）《重修清凉六祖庙碑记》，也有一定价值。"

刘敦桢

　　刘敦桢是著名建筑学家、教育家、建筑史学家，长期从事建筑教育和建筑历史研究工作，是我国建筑教育的创始人之一，又是中国建筑历史研究的开拓者。

寺内庙宇

山门

　　山门是指寺院正面的楼门，因过去的寺院多建于山林，所以称"山门"。后世将建在平地、市井之中的寺院，也称山门。一般有三个门，所以又称"三门"：空门、无相门、无作门。

月台

　　在古时建筑上，正房、正殿突出连着前阶的平台叫"月台"。月台是该建筑物的基础，也是它的组成部分。由于此类平台宽敞而通透，一般前无遮拦，是赏月的好地方。

嵩山碑刻

嵩山地区的碑刻题记种类很多，其中以碑刻居多，主要集中在少林寺，现存碑刻300多件。其次分布较多的是嵩阳书院、中岳庙、法王寺、观星台等地。在历史的发展中，嵩山地区的碑刻曾遭到过严重的损毁和破坏，但保留至今的仍有近2000件碑刻题记。这些碑刻题记价值极高，其中以汉三阙、《大唐嵩阳观纪圣德感应之颂碑》、《崇唐观造像碑》、《刘碑寺造像碑》、《净藏禅师塔铭》等为最。其他如北魏、东魏、北齐、唐、宋、元、明各代都有精品保留下来。其中唐宋的碑刻题记很多，唐代的有《大唐天后御制诗书碑》、《夏日游石淙诗并序》、

嵩山少林寺碑帖

《秋日宴石淙序》、《太宗文皇帝御书碑》、《皇唐嵩岳少林寺碑》等，宋代的有《达摩面壁碑》、《御制中岳醮告文碑》等。这些作品很多都是出于名家之手，如颜真卿、苏东坡、黄庭坚、米芾、蔡京等历代的大书法家都有作品。所以游嵩山碑刻既是历史之旅，又是艺术之旅。

碑刻题记

　　碑刻题记是我国古代记载史实、保存和传播文化的独特载体，不仅具有重要的文物文献价值，是考察地区历史文化的重要原始资料，而且还是可供人们学习、鉴赏的艺术作品。

碑刻题记的种类

　　嵩山地区的碑刻题记种类很多，可以分为碑碣、造像、石幢、石厥、牌坊、墓志、塔铭、石雕以及摩崖题记等多种。

《大唐天后御制诗书碑》

　　《大唐天后御制诗书碑》是嵩山最大的碑刻，现存于嵩阳书院。此碑刻于唐天宝三年(744年)，由碑首、碑身和碑座组成，石质坚硬，雕工精致，讲述的是寺人为唐玄宗炼丹的事。

天 王 殿

　　少林寺天王殿位于碑林尽头，以供奉象征"风"、"调"、"雨"、"顺"的四大天王而得名。天王殿为寺院第二进殿宇，与大雄宝殿、藏经阁并称三大殿。原建筑已在1928年毁于大火，现在的天王殿是根据研究资料在1982年重建的，平面布局仍以原址结构为准。殿面阔五间，进深两间，加前、后廊，重檐歇山绿色琉璃瓦顶。殿前有两座高大的佛教金刚护法神像，殿后重塑了四大天王像。四大天王，又称四大金刚，分别为东方持国天王、西方广目天王、南方增长天王和北方多闻天王，法器分别是琵琶、宝剑、龙和伞。四大天王脚下各有4个妖魔鬼怪，可以显示出其职责是视察众生的善恶行为，扶危济困。

　　在山门和天王殿之间，有一条长长的甬道，甬道两侧有多件碑刻，人称少林寺碑林，这些都是唐宋以来的著名原始碑刻。它不仅记载着寺院的兴衰状况，而且在历史、雕刻、艺术方面，也有很高的研究价值。

甬道

　　甬道也称为通道、甬路。可以指高楼间有棚顶的通道，如《淮南子·本经训》："修为墙垣，甬道相连。" 也可指两旁有墙的通道。通常是指庭院里居中的路。

碑刻

　　碑刻在词义上可以理解为刻在碑上的文字或图画。一般理解为刻在碑石上的书法。最早的碑刻文字，首推秦朝的"石鼓文"。

碑林

　　碑林是指少林寺的碑刻作品非常多，好像树林一样。其中有很多都是集历史文献资料和书法艺术于一身的珍品。

天王殿内塑像

天王殿

69

大雄宝殿

大雄宝殿是少林寺的佛事活动中心，大殿坐北朝南，七开间，面宽近30米，进深近20米，高23米多，总建筑面积800平方米。大殿为混凝土仿木结构，重檐歇山顶，四面回廊，气势恢弘，是少林寺最大的佛殿，悬有"大雄宝殿"牌匾。殿内供释迦牟尼、药师佛、阿弥陀佛，上面悬挂清康熙御书"宝树芳莲"四个大字，屏墙后壁悬塑观音像，两侧塑有十八罗汉像。

殿前两侧还有许多其他建筑，左侧自南而北为钟楼、紧那罗王殿，右侧分别是鼓楼、六祖殿，此外两厢各有禅堂和僧院。钟楼的大钟重6.5吨，是现代制品，原来的大钟在原钟楼烧毁时堕地，断裂为数块。其残骸依然保留在钟楼北边的平台上，是金泰和四年（1204年）铸的，钟的上面刻有铭文，上面详细记录了铸钟的因缘。鼓楼也是现代按旧制重建的。虽是重建，但朝听钟声，夜闻鼓音，既是寺僧起居和进行佛事活动的一种信号，也可以让人领略山居的清静。

回廊

回廊是指曲折回环的走廊，是中国传统建筑的一大特点，既有实用性，又增加了建筑的美观。它可以设在建筑四周，也可以从一个建筑连接到另一个建筑，使建筑本身也成为一种装饰。

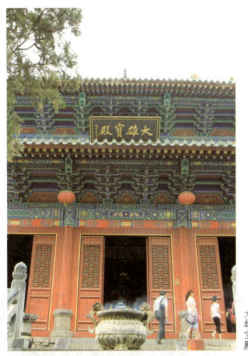

大雄宝殿

罗汉

罗汉是阿罗汉的简称，是佛陀得道弟子修证最高的果位。有三种意思：一说可以帮人除去生活中一切烦恼；二说可以接受天地间人天供养；三说可以帮人不再受轮回之苦。

六祖殿

六祖殿是指供奉禅宗六祖的宫殿。六祖是禅宗六代祖师的统称，是指一祖达摩、二祖慧可、三祖僧璨、四祖道信、五祖弘忍、六祖惠能。

大雄宝殿

汉 三 阙

汉三阙又称东汉三阙，是登封市"天地之中"历史建筑群的组成部分，即太室阙、少室阙和启母阙，是一种特殊的石雕艺术。阙就是建筑在城门、墓门、宫门、庙门前的两个相峙对称的建筑物，古时"缺"和"阙"通用，两阙之间没有横额，作为道路使用。这种建筑的历史悠久，在《诗经》中就有记载。

太室阙是汉代太室山庙前的神道阙，建于东汉时期，阙身四面雕有人物、动物、建筑物等50余幅画，形态生动，线条流畅。另有隶篆铭文，是研究我国历史的宝贵资料，也是书法雕刻艺术中的珍品。少室阙在登封县城西6公里处的少室山下，阙上铭文叙述了大禹在古时治理洪水"三过家门而不入"的故事。相传大

嵩山文化遗产

禹治水之事感动上苍，玉皇大帝施展法术，让禹成为一个开山凿渠的大力士。启母阙在万岁峰下，是启母庙前的神道阙。在阙的东北面，耸立着一块几丈高的石头，名为"启母石"。

东汉三阙属于濒危稀缺文物，专家已建议尽快结束目前的半开放状态，将其封闭保护起来。

"天地之中"历史建筑群

联合国教科文组织把"天地之中"历史建筑列为世界文化遗产，即少林寺(常住院、初祖庵、塔林)、东汉三阙(太室阙、少室阙、启母阙)和中岳庙、嵩岳寺塔、会善寺、嵩阳书院、观星台。

隶书

隶书也称汉隶，是汉字中常见的一种庄重的字体，书写效果略微宽扁，横画长而直画短，呈长方形，讲究"蚕头雁尾"、"一波三折"。隶书起源于秦，东汉时达到顶峰。

阙

阙是中国古代一种标志性的礼制建筑，反映着不同历史时期的礼制思想。东汉三阙是中国现存最古老的国家级礼制建筑遗存，是研究建筑史、美术史和东汉社会史的珍贵资料。

汉三阙

老母洞

　　老母洞又名无极洞、老君洞，因形如鸡卵，也称"鸡卵洞"，是嵩山著名的道教场所。始建于唐代，是著名茅山派道士潘师正隐居的居所，潘师正在此隐居长达20多年。据说他只吃松叶饮清水，所以唐高宗召问他有什么需要时，他说："茂松清泉，臣之所需，此中不乏。"他在98岁羽化于嵩山隆唐观，成为佳话，不仅赢得朝廷的追封和诗人陈子昂的赞颂，而且也引得很多名人来此隐居。

　　老母洞曾经多次翻修，形成了现今的规模。中轴线上的建筑有山门、无极洞、无极老母殿共三进院落。无极洞深4米，高约两米，宽3米，洞内供太极、无极、皇极老母像。洞门外两侧刻有"峻极峰嵩阳胜地，古灵山金壶洞天"。门额"老母洞"三字为明代登封知县丁应泰所书。这里香火旺盛，多是本地人到此求药、祈子、许愿。最后一进就是老母殿，面阔三间，是硬山式建筑，里面供奉的是无极老母。这里还存有各类碑刻40余通，主要记载了老母洞不同时期的修建情况。

茅山派

　　茅山派是道教教派之一，是南朝齐、梁著名道士陶弘景所创。因在茅山筑馆修道，尊三茅真君为祖师，所以被称为茅山派。主修上清、灵宝和三皇等经书，主张思神、诵经、修功德。

羽化

旧时迷信的人说仙人能飞升变化，把成仙称为羽化。如苏轼《前赤壁赋》有"飘飘乎如遗世独立，羽化而登仙"的句子，这里用作道教徒死亡的婉辞。

进

进是指旧式房院层次，平房的一宅之内分前后几排的，一排称为一进。例如：这所宅子是两进院。再如《儒林外史》中描述："右边一路，一间一间的房子，都有两进。"

石门

老母洞

少林寺藏经阁

少林寺藏经阁又名法堂，是寺僧藏经说法的场所。藏经阁共五间，进深三架，歇山式建筑，里面供着一尊汉白玉卧佛像，据说是1996年一位缅甸国弟子捐赠给少林寺的。在藏经阁月台下有一口大铁锅，明代万历年铸造，是当时少林寺和尚用来炒菜用的小锅，少林寺当时的昌盛与繁荣可见一斑。藏经阁收藏着少林寺的经典书卷，禅宗的禅法是由达摩传来的，讲求单传心印，不立文字，被称为"教外别传"。但依然有《楞伽经》和《金刚般若》等经卷，然而更多是语录式的经卷，如《真心直说》、《永嘉证道歌》、《博山禅警语》、《百丈怀海禅师语录》等，但使藏经阁产生广泛影响的还是金庸笔下的武侠小说，无论是写在《楞伽经》缝隙

藏经阁

中的《九阳真经》还是无所不能的《易筋经》，无一不令人向往。藏经阁东西两厢分别是禅堂，在藏经阁两侧相对，各有五间，1928年毁于兵火。1981年在原址上重建，均是面阔五间、进深三间的出前廊硬山式建筑。原东禅堂改名香堂，而西禅堂改称客堂。

歇山式

歇山式建筑是古建筑中最基本、最常见的一种建筑形式，即前后左右四个坡面，在左右坡面上各有一个垂直面。这种屋顶多用在建筑性质较为重要、体量较大的建筑上。

《楞伽经》

《楞伽经》是禅宗初祖达摩祖师传灯印心的无上宝典，初祖传与二祖，让二祖以此来修习，并传与众人。因此成为历来禅者修习如来禅、明心见性最主要的依据之一。

禅堂

禅堂也指禅房，是"坐禅堂"的略称，也作"僧堂"，是众僧坐禅用的堂室，佛徒打坐习静之所。《敦煌变文汇录·维摩诘经菩萨品变文》："禅堂驱使好祇承，师兄收取天宫女。"

少林寺藏经阁

嵩山滑雪滑草场

嵩山滑雪滑草场位于嵩山太室山卢崖瀑布景区内，建成于2007年1月份，是河南第五家滑雪场。同年6月，嵩山滑雪滑草场从美国引进的专用滑草种植成功，滑草项目正式开始营业，成为河南首家拥有滑草项目的景区。嵩山滑雪滑草场目前有一个标准滑道，一个"U"形滑道。另有可供游戏的雪区近千平方米，雪上项目有滑雪、雪上飞碟等。

从规模上来讲，嵩山滑雪滑草场比较小，在河南目前六家滑雪场的规模中位居第五。不过现有的规模基本上可以满足一般滑雪者的需求，而且具有其他滑雪场所没有的独特之处：一是嵩山滑雪场是少有的阳光滑雪场，主要滑道处于正阳面，滑雪时阳光让人感到温暖舒适；二是嵩山滑雪场独有的夜场滑雪深受滑雪爱好者的喜爱，价格便宜，且可以享受浪漫激情；三是在嵩山玩滑雪，还可以免费游览登封八景之一的嵩山卢崖瀑布景区。

所以到嵩山滑雪滑草场游玩，冬日的乐趣在于滑雪，其他三季则可以滑草，并且随时可以观赏嵩山的秀丽风光。

雪上飞碟

雪上飞碟是风靡世界的一项冬季娱乐项目，适合各个年龄段人员。雪上飞碟是靠重力在雪坡上自行下滑的装置，在滑行过程中既旋转又飞速下滑，可让人感受速度带来的快乐。

滑雪

　　滑雪是运动员把滑雪板装在靴底上在雪地上进行速度、跳跃和滑降的竞赛运动。滑雪运动发展到当今，项目不断增多，目前世界比赛正规的大项目分为高山滑雪、自由式滑雪等。

滑草

　　滑草是使用履带用具在倾斜的草地滑行的运动，基本动作与滑雪动作相同。由于滑草运动符合新时代环保的理念，可以在春夏秋季体会与滑雪相同的乐趣，是风靡世界的大型运动。

嵩山滑草场上山石阶

嵩山滑雪滑草场

79

大禹治水

　　大禹治水是中国古代传说中一个很重要的故事，一是因为大禹治水改变了九州的山川格局，二是大禹凭借在治水中表现的才干和德行，在后来成为中原部落的首领。而大禹在嵩山治水也留下了动人的事迹。

　　大约4000年前，大禹接替父亲鲧治水的任务连续奋战了13年。当他来到嵩山治水时，他的妻子涂山氏为了支持丈夫的事业，也来到了治水一线，照顾大禹的生活。为了打开连接太室山与少室山之间的轩辕山，开通一条泄洪通道，大禹和妻子约定：听到鼓声才可以上山送饭。大禹上工后变成了一只大熊来开山，不小心一块石头落下山崖敲在鼓上。妻子听到鼓声急忙上山送饭，没见到丈夫却见到了一只大熊，于是吓得掉头就跑。大禹随后赶紧追赶，当追到

大禹治水塑像

太室山南麓时，怀有身孕的涂山氏已化成一块石头。大禹悲伤地搂着石头喊：还我孩子！喊声刚落，石头裂开，蹦出一个男孩——启。而根据这一传说，汉代先后在此建立了启母庙（已废）、启母阙等来纪念此事，歌颂大禹治水的功劳。

九州

九州是中国的别称之一。古代人将我国划分为9个区域，即所谓的"九州"。根据《尚书·禹贡》的记载，九州分别是：冀州、兖州、青州、徐州、扬州、荆州、梁州、雍州和豫州。

部落

部落一般指原始社会民众由若干血缘相近的宗族、氏族结合而成的集体，形成于原始社会晚期。部落有较明确的地域、名称、方言、宗教信仰和习俗，设有首领管理部落事务。

鲧治水

大禹的父亲鲧奉命治水9年而没有取得成效，被舜流放到羽山，最后死在了那里。鲧治水采取的是围、堵的方法，但没有取得成效，禹则吸取了父亲的教训，采用疏导的方法取得了成功。

大禹治水

炼石补天

万
山

女娲塑像

在中国神话系统中，女娲是一个重要的女神。她为人类做了两件重要的事，一是"抟土造人"，一是"炼石补天"。前者创造了人类，后者则拯救了人类。

传说，在女娲创造了人类以后很多年，天地间突然发生了一次争斗——水神共工和火神祝融之间发生了一场恶战。战败的共工撞断了撑天的柱子不周山，顿时天塌地陷，人类面临绝灭的灾难。女娲为了拯救人类，在紫云山上拣选了许多五色石，堆积在一起，用火烧成石浆，把天上的窟窿补好，把人类从灾难中解脱出来。这次大拯救在《论衡》中有明确的记载：女娲销炼五色石以补苍天，断鳌足以立四极，天不足西北，故日月移焉；地不足东南，故百川注焉。

因为女娲和嵩山地区的关系紧密，在本地的传说中女娲也更具人情色彩。传说女娲、伏羲是嵩山南部一个村子的兄妹俩，受老龟的庇护躲过洪灾，后来女娲全力补天，才使大地恢复生机。像登封太子沟山至今还留有女娲补天的巨石遗迹，而新郑的嵩山余脉风后岭就是根据女娲的姓——风来命名的。

水神共工

水神共工是中国古代神话中的天神，为西北的洪水之神。此外还有一说，说共工是尧的大臣，与骧兜、三苗、鲧并称"四凶"，被尧流放于幽州。

火神祝融

祝融，本名重黎，中国上古神话人物，号赤帝，后人尊其为火神。据《山海经》记载，祝融的居所是南方的尽头，是他传下火种，教会人类使用火的方法。

《论衡》

《论衡》一书为东汉王充所作，现存文章有85篇，其中的《招致》仅存篇目，实存84篇。该书针对儒术和神秘主义的谶纬说进行批判，被称为"疾虚妄古之实论，讥世俗汉之异书"。

抟土造人

嵩山山系及其所覆盖广大区域是中国远古神话产生地，其中最引人注目的是女娲开辟创世的神话，在本地区流传很广。像涉县（原归河南）的娲皇宫、西华的女娲城、安阳的清凉山、沁阳的女娲山等都是与此有关的古迹，最主要的事迹就是女娲抟土造人。在洪荒退去之后，大地一片荒凉。于是女娲在嵩山的紫云山上生化万物：在初七这天，女娲用黄土和水，照着自己的模样造出了一个个小人，她造了一批又一批，感到又累又慢，于是扯下一根藤条，蘸上泥浆，挥舞起来，星星点点的泥浆洒落在地上，也都变成了人，这天就是后来所说的人日。这个故事在《太平御览》中有描述。为了让人类繁衍下去，女娲又让人们婚配生子，成了人类的最早的祖先。而她最后在嵩山上躺下来休息的身形现在犹存，所说的嵩山如卧，指的就是这件事。

人们为了祭祀这位先祖，修了女娲娘娘庙、安阳宫，每年二月来女娲庙前游玩，这个习俗一直保留到现在，紫云山农历二月二的庙会就是最好的例证。

人日

因为传说女娲在正月初一日造出鸡，初二日造出狗，初三造出羊，初四造出猪，初五造出牛，初六又造出马，初七造出人。而造出人这天就叫人日。

娲皇宫一角

《太平御览》

《太平御览》是宋代的一部类书，是北宋李昉编纂，全书以天、地、人、事、物为序，分成55部，可谓包罗古今万象。书中共引用古书1000多种，保存了大量宋以前的文献资料。

庙会

庙会又称庙市或节场，是指在寺庙附近聚会，进行祭神、娱乐和购物等活动，是一种传统民俗活动。它的产生、存在和演变都与老百姓的生活息息相关，是文化的重要组成部分。

传土造人

春蚕化衣

春蚕化衣讲述的是嫘祖养蚕缫丝制衣的故事。嫘祖又作"累祖"，根据《史记》："黄帝居轩辕之丘，而娶于西陵之女，是为嫘祖。嫘祖为黄帝正妃"的记载，说明了她是黄帝轩辕氏的元妃，神话传说中把她说成是养蚕缫丝方法的创造者，北周以后嫘祖被称为"先蚕"（蚕神）。到后代的文献记录就已经非常详细了，唐代赵蕤所题唐《嫘祖圣地》碑文称："嫘祖首创种桑养蚕之法，抽丝编绢之术，谏诤黄帝，旨定农桑，法制衣裳，兴嫁娶，尚礼仪，架宫室，奠国基，统一中原，弼政之功，永世不忘。是以尊为先蚕。"记述了嫘祖的众多功绩，但在其中人们还是更重视她养蚕制衣的贡献。在清康熙《御制耕织图》、《织部·祀谢》画幅内，有康熙的一首题画七绝诗：劳劳拜族祭神桑，喜得丝成愿已偿。自是西陵功德盛，万年衣被泽无疆。对嫘祖这一贡献给予了中肯的评价。

由此可见，嫘祖春蚕化衣在很大程度上促进了中原文化和中原文明的发展，为中华民族名扬世界的丝绸文化奠定了基础。

《御制耕织图》

《御制耕织图》又名《佩文斋耕织图》，不分卷，清圣祖玄烨题诗，焦秉贞绘图，朱圭、梅玉凤镌刻，清康熙三十五年（1696年）内府刊本。耕图、织图各23幅，共计46幅图。

蚕丝

黄帝

黄帝是中华民族始祖，人文初祖，中国远古时期部落联盟首领。因居于姬水，以姬为姓，居轩辕之丘，号轩辕氏，建都于有熊，故亦称有熊氏，因有土德之瑞，故号黄帝。

七绝诗

绝句是近体诗的一类，由四句组成，五字句的称五言绝句，七字句的称七言绝句。绝句起源于两汉，成形于魏晋南北朝，兴盛于唐朝，当时都是四句一首，称为"联句"。

春蚕化衣

达摩渡江向嵩山

少林寺以禅宗而闻名，是因为初祖菩提达摩最先来此宣传禅宗。而达摩从天竺来到嵩山，还有一段离奇的传说。

达摩跟随般若多罗大师学法，大师嘱咐他得法以后要到中国传法。之后达摩东行来到中国，在金陵晋见了热心礼佛的梁武帝萧衍。但两人的观点格格不入，于是达摩动身渡江北上。他来到长江边上，只见江宽水急无船可渡。这时发现不远的地方坐着一位老婆婆，她身边放着一捆芦苇。达摩就上前施礼问道："老人家，请赐一苇渡我过江。"老婆婆见他态度十分诚恳，顺手抽出一根芦苇递给达摩。达摩双手接过，告别老人后来到江边把芦苇往江面上一放，轻轻踏上芦苇，顺顺当当过了长江。当时北魏都城洛阳龙门香山寺有个和尚叫神光，听说达摩在金陵弘扬大乘

人文风光

禅法，前去会晤，却发现已渡江北上。神光为追赶达摩也来到江边，急忙抱起老婆婆身旁的整捆芦苇渡江，却落入水中。神光向老婆婆询问原因，老人回答说："那人是以礼来取，我当然应该渡他过江。你是无礼抢要，我就无缘助你了！"听罢神光心悦诚服，追上达摩后诚邀达摩上嵩山传法。达摩在此面壁9年，大乘禅法也就传开了。

天竺

天竺是中国古代以及其他东亚国家对当今印度和其他印度次大陆国家的统称。天竺历史上相继出现了四大帝国：孔雀帝国、笈多帝国、德里苏丹国和莫卧儿帝国。

金陵

"金陵"是指钟山最早的名称，后来成为南京古时的别称。如《红楼梦》中的金陵指的就是南京。张艺谋导演的影片《金陵十三钗》中的金陵借指的也是南京。

面壁

面壁是佛教用语，指面对墙壁默想静修。后来就由此引出脸对着墙，对事物不介意或无所用心的意思，就连旧时的体罚"面壁"，脸对着墙站着也含有思过以改正的用意。

嵩山"禅宗少林·音乐大典"

禅宗少林寺音乐大典

　　"禅宗少林·音乐大典"是一个大型文化演出项目，演出地址在距登封市西10公里的待仙沟。自演出以来，受到极大欢迎，成为嵩山旅游的一大亮点。

　　演出的创作阵容强大：艺术总监和音乐原创为谭盾（曾获得奥斯卡原创音乐奖），策划人为梅帅元，易中天担任禅学顾问，少林寺方丈释永信任少林寺文化顾问，舞蹈学家黄豆豆担任舞蹈编导。"禅宗少林·音乐大典"演出规模宏大，音画一体，由"水乐·禅境"、"木乐·禅定"、"风乐·禅武"、"光乐·禅悟"、"石乐·禅颂"五个乐章组成。"水乐"描绘的是山水里的禅意，"木乐"表现的是少林木鱼功，"风乐"讲述少林传奇故事，"光乐"表达对生命的礼赞，"石乐"是演出的唱颂篇。演出在光与影、静与动、讲述与山水实景之间描绘了禅宗的发展、信念与追求。不仅如此，演出中所创造出的五个世界之最更是值得去现场领会一番。

水乐

"水乐"表现的是诗境美，描绘了自然山水中的优美禅意，以"溪山行旅"、"听泉抚琴"、"踏水行歌"三章构成。音乐中的雨与水、月与禅、僧侣与农家，构成完美的人间生活图景。

风乐

"风乐"演绎的是禅宗祖庭少林寺的传奇故事，由"达摩面壁"开始，讲述禅宗千年传承。间以在嵩山实景间表演少林武术，表现出少林禅宗在禅与武之间，亦文亦武的追求境界。

五个世界之最

音乐大典创造的五个世界之最分别是：最大的舞台灯光系统，最大的舞台工程，最大的人造月亮，难度最大、飞腾最高的真人武打表演，声势最大的僧侣现场唱颂。

庙会文化

　　庙会是指在寺庙附近聚会，进行祭神、娱乐和购物等活动，是中华文化传统的节日风俗，是民间广为流传的一种传统民俗活动。而嵩山地区由于道教文化和佛教文化发达，寺庙众多，所以庙会文化也发达。其中比较有名的庙会有中岳庙庙会、九龙圣母高庙庙会等。传统的中岳庙庙会时间是每年春季的农历三月初十和秋季的十月初十，会期长达10天。庙会活动丰富多彩，每天参加庙会的人数高达几十万。在庙会上，能够看到"拴娃娃"、"拜干爹"、"摸铁人"等传统风俗习惯，舞狮子、旱船、高跷、火龙舞等民俗节目，还可以看到用以祈福纳祥的各种小物件，像长命锁、香袋、如意、葫芦等，让人在赶庙会体味宗教文化的同时，也在体验民俗，更好地理解宗教与世俗生活之间的密切联系。而今的庙会，已逐步转变成以展示地方文化来塑造地方形象的一种经济手段，把宗教文化、传统文化与现代社会很好地融合在一起，为文化发展注入了新内容。

拴娃娃

　　拴娃娃是流行在嵩山地区的一种求子习俗，把用黄泥捏成的泥人晒干后涂上色彩，在嵩岳大帝和嵩岳娘娘的塑像前祈求后，用红头绳绑在娃娃的脖子上，回家后放到床下，以求早生孩子。

舞狮子

　　舞狮子又称狮子舞、狮灯、舞狮，多在年节和喜庆活动中表演。狮子在中国人心目中为瑞兽，象征着吉祥如意，所以舞狮活动寄托着民众消灾除害、求吉纳福的美好意愿。

摸铁人

　　在中岳庙的崇圣门东侧有四尊铁人，很受当地的老百姓尊敬。据说人身体的哪个部位疼痛不适，只要摸摸铁人身上与自己相同的部位，病痛就会减轻，甚至痊愈。

庙会

庙会文化

少林武术节

少林武术节是一项集武术、旅游、文化交流于一体的大型综合性节会，始创于1991年，以"以武会友，共同进步"为宗旨，至今已成功举办了7届，为少林武术文化和佛教文的国际化搭建了一个有效的平台。有来自60多个国家和地区的运动员参加了这一武术盛会。

少林武术节以展示少林功夫、弘扬佛教文化为目的。少林功夫是指在嵩山少林寺这一特定佛教文化环境中形成，以佛教信仰为基础、体现着佛教禅宗智慧、以少林寺僧人修习的武术为主要表现形式的传统文化体系。少林功夫历史悠久，体系完备，技术水平高。据流传下来的拳谱记载，少林功夫套路有数百套之多，

少林武术表演

其中流传有序的拳械代表有数十种。另有七十二绝技以及擒拿、格斗、卸骨、点穴、气功等门类独特的功法。动作和套路讲究动静结合、阴阳平衡、刚柔相济、神形兼备，遵循"六合"原则，讲求"禅武"合一，更讲求戒律。

在少林武术节中，人们还可以通过旅游和欣赏音乐等形式体味嵩山文化的独特之处。

六合原则

六合原则是指手与足合、肘与膝合、肩与胯合、心与意合、意与气合、气与力合。这既包含了医学原理，合乎人体的规律；又包含哲学原理，合乎天人合一的思想。

"禅武"合一

少林功夫的传习的核心是师父的言传身教和弟子的勤学苦练。水平的高低取决于师父的心传和弟子的顿悟，这需要僧人在佛教修行不断提高的情况下才能达到，体现出"禅武"合一的宗旨。

戒律

在少林寺特定环境中，佛教戒律又演化为习武戒律，又表现为武德。所以少林功夫时时表现出节制谦和、内敛、含蓄和讲究内劲、短小精悍、后发制人的风格和特点。

少林武术节

认干亲的礼节

嵩山一带民间有认干亲的习俗。为了庇护孩子顺利长大，不仅可以认人做干亲，还可以认神当干亲，甚至可以认山石树木做干亲。

认干亲的礼节非常讲究：认亲的一边要准备鸡、鱼、肉、酒四样烧礼，还有鞭炮和红布，意思是大吉大利，带来"红"运。被认亲的一边要准备红包、长命锁、一副碗筷和全身上下一整套衣服。红包是表示承认这门亲戚，长命锁是祈祝孩子长命百岁，碗筷承认家里有这么一口人，全套的衣服是表示从头庇护到脚。认干亲的仪式一般在中午举行，干爹干妈用红绳穿长命锁给孩子挂在脖子上，红包也用红绳绑住挂在孩子脖子上，然后把衣服、碗筷交给孩子。孩子给干亲磕头或鞠躬，改口叫干爹或者干妈，最后放鞭炮表示礼成。

认过干亲后，两家就成了亲戚。孩子以后每年过生日时就要到干亲家挂锁，而干亲每年的礼物都要有衣服和红包，一直到孩子长到12岁。不论哪种情况的认干亲，等孩子长到12周岁时都要"脱锁"，意味孩子已经长大，可以自由成长了。

认神做干亲

在洛阳等地，也有小孩认神灵做干亲的。孩子满月后抱到神庙，认神做干爹。其中认火神做干亲的很多，因为传说火神没有儿子，又喜欢孩子，所以认他做干爹，凡事必能受到庇护。

长命锁挂件

长命锁

　　长命锁也叫寄名锁，是明清时兴起的挂在小儿脖子上的一种装饰物。按照传统的说法，佩挂上这种饰物可以避灾去邪，长命百岁。

脱锁

　　脱锁是在认干亲的孩子长到12周岁时举行的仪式。这个仪式很隆重，由干亲拿出保管的钥匙，把孩子戴的项链锁打开，意思是孩子已长大了，可以自由成长了。

嵩山的地质文化

嵩山峭壁

嵩山的地质构造特点极其突出，岩龄古老，构造复杂，地层发育完整，出露良好，经过多次构造运动的影响，保留着形态各异的构造形迹，以此而闻名中外。嵩山的形成是内力、外力地质作用在漫长的地质历史运动中形成的产物。内力地质作用的地壳运动、岩浆运动、变质作用、地震作用等对嵩山的形成起决定性作用，而且留下了明显的痕迹。本区地壳运动经过了嵩阳运动、中岳运动、少林运动、怀远运动、燕山运动及喜马拉雅和新构造运动。其中，中岳运动形成嵩山雏形，燕山运动确定了嵩山基本格架，后经过风化、侵蚀、溶蚀、沉积作用和改造、滑动、崩塌等外力作用后，形成今天嵩山的基本形态。

嵩山历经了漫长而复杂的地质变化过程，过程痕迹保留完好，而每一次地质运动的特点又体现明显。当然，最为可贵的是如此齐全而又复杂的变化可以在嵩山风景区不大的范围内一目了然，被地质学家誉为"五世同堂"的"天然地质博物馆"。

内力作用

内力作用是指能量来自地球内部，促使地球内部和地壳的物质成分、构造、表面形态发生变化的各种作用。内力作用的表现形式有地壳运动、岩浆活动、变质作用和地震等。

外力作用

外力作用指由太阳辐射、重力、日月引力、水流、风力等来自地球外部的营力所引起的作用。来自地球外部的主要是太阳辐射能，包括风化作用、侵蚀作用、搬运作用、沉积作用等。

风化

地质学上的风化是指由于长期的风吹日晒、雨水冲刷、生物的破坏等作用，地壳表面和组成地壳的各种岩石等受到破坏或发生变化。

嵩山的地质文化

嵩山的天文文化

纵观历史，嵩山的天文文化历史悠久，对中国天文学的贡献不可磨灭。

在这里先后有三次大规模天文测量活动。第一次发生在周成王时期。当时负责摄政的周公为了实现"王者必居土中"的政治需求，在全国设置了五处观测点，最后求证阳城为天地之中，同时在测量中观测到日影变化的规律，明确了年、四季的概念，确定了春分、秋分、夏至、冬至等重要的节气，使农业生产走上有历法可依的道路。到唐朝时，人们为了纠正传统历法的错误，僧一行奉命再次组织了一次天文测量。他仍以登封为中心观测点，根据实地测量结果，编成了《大衍历》。1276年，元朝任用郭守敬等人进行了以改进、修订历法为目的、以"四海测验"为名的大规模天文观测活动。天文学家们用先进的测量仪器，在全国27个测量点进行测量，而登封阳城仍是测量点之一，并建立了观星台，这座观星台历时700年，至今保存完好，是我国现存最早的天文台。而通过此次测量而编制的《授时历》是当时世界上最先进的历法。

夏至

夏至是二十四节气之一，为每年6月21日或22日。夏至这天，太阳直射地面的位置到达一年的最北端，几乎直射北回归线，此时，北半球的白昼达最长，且越往北越长。

郭守敬制作的简仪

冬至

　　冬至是中国农历中一个非常重要的节气，时间在每年的12月21日至23日之间的一天，这一天是北半球全年中白天最短、夜晚最长的一天。北方有在冬至这一天吃饺子的习俗，南方有吃汤圆的习俗。

先进的测量仪器

　　在这次测量中郭守敬提出"历之本在于测验，而测验之器莫先仪表"的原则，他先后创制了简仪、高表等18种天文仪器，简仪和高表是最重要的两种，观星台实际就是高表。

嵩山的宗教文化

嵩山地区集儒、释、道文化于一体，对三者的形成和传播起到了很大的作用。佛教在东汉初年正式传入中国，最先在嵩山地区落足，并开始由此向全国传播。嵩山玉柱峰下的大法王寺就是为印度来的僧人传教而敕建的，从此拉开了在嵩山建立寺庙的序幕。先后有嵩阳寺、嵩岳寺、永泰寺、会善寺等多座寺庙建成。而少林寺的兴建与禅宗初祖菩提达摩和二祖慧可在嵩山传承大乘禅法影响很大，加速了嵩山为中国禅法重心的形成。到唐朝时，大多高僧都在嵩山修行。这种情况一直持续到清末，佛教活动才开始衰落下去。

道教的形成和嵩山关系密切。道教五斗米道始祖张道陵在入蜀创立五斗米道之前就在嵩山修炼，从这个意义上说，嵩山是

嵩阳寺一景

道教的发祥地。嵩山地区是道教传播的重地，被道教视为洞天福地，而历史上大多著名道士都曾在嵩山修炼。道教在嵩山的重要道场有中岳庙、老君洞、崇唐观、三官庙、峻极宫、九龙圣母庙等。

儒学的影响主要体现在嵩阳书院对儒学的传播上。

五斗米道

五斗米道是道教早期的重要流派，是中国土生土长的宗教，主张崇尚自然和清静无为的哲学。道教设定的人生终极目标是修仙飞升，清心寡欲、性命双修成了道教徒的日常生活。

洞天

洞天是道教用语，指神道居住的名山胜地。洞天就是地上的仙山，它包括十大洞天、三十六小洞天，构成道教地上仙境的主体部分，五岳包括在洞天之内，嵩山是道教的第六小洞天。

福地

福地是道教用语，指神道居住的名山胜地，有十大洞天、三十六小洞天、七十二福地。嵩山的附属山脉缑山是道教的第三十二福地，嵩山的北翼邙山是道教的第七十福地。

烧　饼

　　登封特产焦盖烧饼味美色佳，吃起来脆中透香，夹有芝麻的香味，妙不可言。焦盖烧饼做工精细，主料是产于本地区的优质小麦和白芝麻。成品以色泽金黄、味鲜、香脆、形圆的为上品。它以物美价廉的优势成为当地人日常生活中必不可少的一种食品，所以在登封，无论是车水马龙的大酒家，还是寻常巷陌的小饭馆，都有烧饼出售。如传统的孙家烧饼、马家烧饼，因色香味形都好而供不应求。

　　到登封吃焦盖烧饼，既是吃美味，也在品文化。相传这烧饼是登封的一个店小二制作出来的。当年抗金名将岳飞来到登封抗击金兵，在一家酒店里吃饭。店小二出于对岳飞的仰慕不肯收酒饭钱，但岳飞还是把钱给了店小二，这令店小二十分感动。后来岳飞被秦桧害死，店小二就把面和成王八（人们痛骂秦桧是王八）的样子，放在火上烘烤，取名为秦桧。消息一经传出，人们争相购买。后来烧饼才演变成现在的模样，变得越来越好看，越来越好吃，也越来越有名，成为当地一绝。

白芝麻

　　白芝麻是胡麻科植物芝麻的种子，具有含油量高、色泽洁白、籽粒饱满、种皮薄、口感好、后味香醇等特点。白芝麻及其制品具有丰富的营养性和抗衰老性。

特色烧饼

岳飞

　　岳飞是民族英雄、抗金名将。他在军事方面的才能则体现在其被誉为宋、辽、金、西夏时期最为杰出的军事统帅、连结河朔之谋的缔造者。南宋中兴四将（岳飞、韩世忠、张俊、刘光世）之首。

秦桧

　　秦桧，中国历史上十大奸臣之一，因以"莫须有"的罪名处死岳飞而遗臭万年。北宋末年任御史中丞，与徽宗、钦宗一起被金人俘获。南归后，任礼部尚书，两任宰相，执政19年。

烧
饼

芥　　丝

登封芥丝采用生长在嵩山少室山下的茎用芥菜，洗净后用机器加工或人工的方法切成薄片或者细丝，加入作料用小火炒制而成，辛辣味美，有养胃利消化的功效，是春日饮食的首选。关于芥菜的药用价值在《本草纲目》中有这样的记载："芥菜性辛温，归鼻、肺，入肾、胃二经，除肾经邪气"；"芥菜性温，故可温脾暖胃，增食欲，助消化"。现代医学研究则进一步证明了

芥菜

芥菜因富含多种维生素和人体内所需的微量元素，具有促进人体内的酸碱平衡、消除疲劳、增强身体免疫力的作用，是当今世界上公认的具有抗肿瘤、防衰老功效的一种名菜。

而早在芥菜的药用价值被充分利用以前，芥菜就已经成为当地人日常生活中的一道美味，更是历代少林僧人早餐必备菜。但说到芥菜的名气还和历史上好几位帝王有关，李世民在少林寺避难时曾吃

过芥丝，从此对芥丝念念不忘；武则天游嵩山时也对芥丝赞不绝口，从此芥菜被纳为御用药膳。

其实，不止嵩山地区，如温州、客家地区也有吃芥菜的习俗。

春日饮食

医学认为，春日饮食宜淡，宜选用利于升发阳气又清淡可口富有营养的甘、辛、温之品，如黄豆芽、绿豆芽、葱、蒜、香菜等；常吃些新鲜蔬菜和野菜，如春笋、芥菜、韭菜、香椿、荠菜、蕨菜等，有利于促使体内积热的散发。

温州吃芥菜习俗

农历二月二吃芥菜饭是温州民间广为流传的习俗，并有"吃了芥菜饭不生疥疮"的说法。这是因为芥菜含有大量的叶绿素及维生素C，能提高自身免疫能力，增强抵抗力，对皮肤有好处。

客家地区吃芥菜习俗

春分吃春菜是客家人尤其著名的岁时美食习俗。客家人的"春菜"首选客家芥菜，认为春分日吃芥菜有助于人体与春天物候、景色交融，与万物和谐相助，进而达到纳吉、消灾、辟邪等目的。

芥
丝

三　楂　红

嵩
与

　　三楂红依托嵩山林区大规模的山楂资源，选取三种优质山楂为原料，接受三个不同时间段的光照、热量、水分，是嵩山独一无二的生态环境和现代先进生物技术的结合，是在山楂原浆酒的基础上经过蒸馏、复馏、老君洞洞藏等工艺酿成，具有酒香自然、余香绵久的特点。

　　自古以来，嵩山一带的野生山楂就非常丰富，三皇寨、峻极峰、大熊山等景区现在仍然随处可见。传说王母娘娘经常来嵩山老君洞，给轩辕黄帝传授治国之道，黄帝用金色的山楂酒液招待了王母，王母娘娘喝后赞叹："轩"（非常好的意思）。于是嵩山一带才有"老轩"、"轩得很"此类的地方语。这样的传说

嵩山的山楂

虽然不一定靠得住，但古人对山楂的研究却很早，说山楂可消化饮食、消痰、消血瘀肿胀。而现代科学进一步用数据说话，山楂几乎含有水果的所有营养成分，具有健胃消食、减肥、降血脂血压、防衰老、增强机体免疫力等功能。

　　富有保健功能是三楂红的最大特点，可以自己用，也可以当做礼物送人。

大熊山

　　大熊山风景区位于登封市区东南25公里的徐庄乡境内，森林面积约5533公顷，植被覆盖率达90%以上。大熊山气势雄伟，沟壑纵横，有密布水帘洞、跌宕的瀑布群，风景优美，景色宜人。

王母娘娘

　　王母娘娘是传说中的女神，原是掌管灾疫和刑罚的神，在流传过程中逐渐女性化与温和化，成为慈祥的女神，也称瑶池圣母、西王母。相传王母娘娘住在昆仑仙岛，瑶池种有蟠桃，食之可长生不老。

山楂的营养成分

　　山楂主要成分有山楂酸、黄酮，有18种氨基酸，维生素C含量高达89毫克，比苹果高17倍，比梨高30倍。

三楂红

原汁柿子醋

甜柿子

　　嵩山地区的特产原汁柿子醋是采用嵩山深处无公害柿子为原料，不添加任何添加剂，以传统工艺酿制而成，味道纯正，是天然的保健食品。柿子及其制品的药用、保健作用在古代就有详细的研究和记载。"柿，味甘，性平，性能收敛，有健脾、润肠、治咳、止血之功"（明《本草纲目》）。"柿蒂味苦性平，治寒性呃逆；柿霜清肺胃之热，治咽喉口舌疮病"（清《本草求真》）。我国迄今已发现的最古医方《五十二病方》记述了治疗疝气、癣、灼伤、疯狗咬伤、痔疮等疾病的17个处方都用到了柿汁醋。到了清代，人们对柿子醋的保健功能也有相当的认识：开胃、养肝、强筋、暖骨、醒酒消食、下气辟邪、解诸毒。

　　柿子的功效如此，而酿柿成醋，更有利于其药用和保健功能

的发挥。据《黄帝内经》和《本草纲目》记载，醋疗对人的皮肤有柔和刺激作用，能增加皮肤血液循环，使皮肤细嫩、美白有光泽，用后不红肿、不脱皮。

现今，柿子醋更是飞入寻常百姓家，成为人们养生美容的最好选择。

《本草求真》

《本草求真》是清代黄宫绣编著的一部医书，此书最可贵的是他的求实精神，正如作者在本书的凡例中说："余尚论药性，每从实处追求，既不泥古以薄今，复不厚今以废古，唯求理与病符，药与病对。"

《五十二病方》

《五十二病方》是现知我国最古的医学方书，以每种疾病作为篇目标题，与后世医方书之体例相同。此书所载绝大多数为外科病，其次为内科疾病，还有少量妇儿科疾病。

《黄帝内经》

《黄帝内经》是古代医家假借轩辕黄帝的名义所著的一部医药学著作，成书于春秋战国时期。本书以对话、问答的形式阐述病理，主张养生、摄生、益寿、延年。

原汁柿子醋

煤炭资源

嵩山地区因为地质运动经历了从沧海到高山的巨大变化，所以矿产资源极其丰富，在丰富的矿产资源中煤炭资源又占有极其重要的地位。

嵩山煤矿区是指嵩山周围分布的新密、荥巩、登封、偃龙四大煤田的总称。

登封矿区东西走向长70公里，南北宽约8公里，含煤面积760平方公里；偃龙矿区东西长60公里，南北平均宽10公里，含煤面积770平方公里；荥巩矿区东西走向长60公里，南北宽8.5公里，含煤面积925平方公里；新密矿区东西长50公里，南北平均宽12公里，含煤面积777平方公里。四矿区地处豫西嵩箕地区，含煤地层分布地面平均标高为200～300米。四区煤炭资源总量为92亿吨，其中保有储量60亿吨，可靠级预测储量32亿吨。已开发占用储量总计17.2亿吨。生产矿现有可采储量4.9亿吨。

嵩山地区的煤炭资源体现出储量大、分布集中、共伴生矿多的特点，是该地区的支柱性产业之一。

地质运动

地质运动是指主要由地球内部能量引起的地壳或岩石圈物质的机械运动。它使岩石发生变形的主要类型是褶皱和断裂，使岩石发生变位的方式有水平运动和升降运动。

丰富的矿产资源

矿产资源

　　矿产资源是指经过地质成矿作用，埋藏于地下或出露于地表、并具有开发利用价值的矿物，或有用元素的含量达到具有工业利用价值的集合体。矿产资源是重要的自然资源。

新密

　　新密位于省会郑州西南40公里处，总面积1001平方公里。新密境内名胜众多，包括轩辕丘古城寨城址、黄帝宫、郑公墓、青屏山、神仙洞、香峪寺等，矿产资源丰富。

天 南 星

天南星

天南星，别名南星、白南星、山苞米、蛇包谷、山棒子、红蜀黍，为天南星科植物，在我国大部分省区都有分布，喜生于山野阴湿处或丛林之下。在少室山大寨小寨、太室山诸峰的山坡上以及嵩山森林公园里随处可见天南星。

天南星高33～50厘米。叶子从块茎顶端生出，叶柄细长，长约33厘米，叶片掌状分裂。花序肉穗状，包在鞘状的苞片内。花序先端呈长尾状，伸出包片外面。浆果卵圆形，绿色，成熟时发白。块茎近球形，扁平。以种子繁殖和块茎繁殖为主。秋冬季叶黄及时挖取，刨出块茎，去掉泥土、残茎叶、须根，搓洗去皮，洗不掉的用竹刀刮去皮，用水冲洗，用硫黄熏成白色，晒干药用。因为天南星有毒，所以收时要戴手套或者在手上擦油来加以保护。天南星主治祛风止痉，散结消肿，用于顽痰咳嗽、风痰眩晕、中风痰壅、口眼歪斜、半身不遂、癫痫、惊风、破伤风等。

天南星科

天南星科为单子叶植物，115属，2000余种，广布于全世界，但92%以上产自热带，中国有35属，206种。有些供药用，有些种类的块茎含丰富的淀粉可供食用，有些供观赏用。

花序

植物的花，有的是单独一朵生在茎枝顶上或叶腋部位，称单顶花或单生花。大多数植物的花，密集或稀疏地按一定排列顺序生在总花柄上。花在总花柄上有规律排列的方式称为花序。

种子繁殖

苗木的繁殖分有性繁殖和无性繁殖两类。种子繁殖法即有性繁殖法，就是利用雌雄授粉相交而结成种子来繁殖后代，一般繁殖多用此法。

天南星

首 乌 茶

嵩山首乌茶精选生长期在50年以上的嵩山野生何首乌为原料，经去皮，阴干，用嵩山地区生长的小黑豆，严格按照传统的炮制方法，用低温冷冻法进行细胞破壁，纳米级超细粉碎、灭菌等工序精制而成。嵩山首乌茶的原料是嵩山野生何首乌、嵩山野生山楂、野菊花和木糖醇，因其主要成分是嵩山野生何首乌，所以称为嵩山首乌茶。首乌茶有调节血脂血压、减肥、乌发养颜、抗衰老、滋肝养肾、改善睡眠的作用。

关于何首乌的药用功能在中国的医学典籍中早有记述。宋朝《开宝本草》中记载："何首乌以西洛、嵩山者为胜"。"止心痛，益血气，黑髭鬓，悦颜色，久服长筋骨，益精髓，延年老，亦治妇人产后及带下诸疾"。明朝《本草纲目》中记载："能养血益肝，固精益肾，健筋骨，乌髭发，为滋补良药。不寒不燥，功在地黄、天门冬诸药之上。"而在嵩山首乌茶中，起药用作用的不止是何首乌，山楂和菊花的作用也很大，三者同时作用，使首乌茶起到了不是药物却胜似药物的功效。

《本草纲目》

《本草纲目》是明朝伟大的医药学家李时珍（1518—1593）为修改古代医书中的错误而编。他以毕生精力对本草学进行了全面的整理总结，为我国医药事业做出了极大贡献。

何首乌

木糖醇

　　木糖醇是木糖代谢的正常中间产物，纯的木糖醇外形为白色晶体或白色粉末状晶体，广泛存在于各类食物和植物中。它可用作甜味剂、营养剂和药剂，在化工、食品、医药等工业中广泛应用。

菊花

　　菊花是多年生菊科草本植物，是中国十大名花之一，在中国已有3000多年的栽培历史。菊花品种繁多，头状花序皆可入药，味甘苦，微寒，散风，清热解毒。

中岳仙茶

中岳仙茶（晚茶）是采用嵩山山脉野生酸枣树的叶和芽精制而成的绿色健康饮品。酸枣树生长在嵩山峻岭之间，纯天然无污染，具有镇定安神、改善睡眠的功效，是晚茶中的精品。

之所以被称为仙茶，与传说有关。《列仙传》中说周灵王太子晋，常常游历在伊、洛之间，后在嵩山修炼30余年后，乘白鹤成仙升天，只留下佩剑拌在酸枣树上。人们便相信这是仙人的暗示，于是将酸枣树的叶和芽烹制成茶，果然奇妙无比。699年，武则天来登封封禅时初尝酸枣叶茶，啧啧称奇，还亲书碑额"升仙太子之碑"。

中岳仙茶入口绵滑，先涩后甜，令人回味。茶色黄绿明亮，底叶碧绿，常饮此茶，睡眠良好。其价值在《神农本草经》中就有记载，说它可以"安五脏，轻身延年"。中岳仙茶延年益寿的故事在《南部新书》中有记载，说洛阳有一僧人活到120岁，生性只爱饮酸枣叶茶。而科学则证明酸枣叶自身含有的黄酮、芦丁、皂苷等安神镇定成分，可以改善睡眠，是纯天然助眠产品。

酸枣树

酸枣树属灌木科木本植物，很难成树，长到杯口粗细便自然干枯，由根部再生嫩芽，酸枣盛产于太行山一带。酸枣全身是宝，树根、树皮、树叶、果实均可入药，花又是很好的蜜源。

野生酸枣树

《列仙传》

《列仙传》是我国最早且较有系统地叙述神仙事迹的著作，记载了从赤松子（神农时雨师）至玄俗（西汉时仙人）71位仙家的姓名、身世和事迹，后被收入《道藏》，成为道书。

《神农本草经》

《神农本草经》是中国现存最早的药物学专著，成书于东汉，是秦汉时期众多医学家总结、搜集、整理当时药物学经验成果的专著，是对中国中草药的第一次系统总结。

中岳仙茶

冬凌草茶

冬凌草茶是采用嵩山深处的野生冬凌草、金银花为主要原料，配以地道的贡菊配制而成，具有清咽利喉、去热、清毒润肺的功效，能够最大限度地减少吸烟对人体的危害，长期饮用还可以预防癌症，清肝明目，是益寿延年的"福茶"。

冬凌草又名冰凌草、延命草、彩花草等，为唇形科香茶属多年生草本或亚灌木。自古以来太行山区的人们常年将其当成茶叶饮用，有"日饮冰凌草一碗，防皱去斑养容颜，亮嗓清音苦后甘，驱除病魔身心安"的说法，将冰凌草称为"神奇草"。根据河南鹤壁《淇县志》记载：自唐朝始，淇水两岸"冰冰草盛"，说明河南特殊的地理位置和气候条件，造就了当地丰富的、品质优良的冬凌草资源。

冬凌草

　　冬凌草特别之处还在于它每到冬季自然温度在0℃以下时，全株结满银白色冰片，风吹不落，随风摇曳，日出后闪闪发光，展现出神奇的自然景观，具有独到的观赏价值。

　　冬凌草性味苦、甘、微寒。优良的药用价值加上观赏价值，使其成为嵩山一宝。

贡菊

　　贡菊也称黄山贡菊、徽州贡菊，又称徽菊，与杭菊、滁菊、亳菊并称为中国四大名菊。因被作为贡品献给皇帝，所以称为"贡菊"。贡菊盛产于黄山地域，既有观赏价值，又有药用功能。

淇水

　　淇水在河南省北部，上古为黄河支流，南流至现代的汲县东北淇门镇南入河。东汉建安中，曹操于淇口作堰，遏使东北流，注入白沟（今卫河），以通漕运，此后就成了卫河支流。

冬凌草的药用价值

　　冬凌草的药用价值是指它具有清热毒、活血止痛、抑菌、抗肿瘤的作用，主治咽喉肿痛、扁桃体炎、感冒头痛、气管炎、慢性肝炎、关节风湿痛、蛇虫咬伤。全株对有些癌症有缓解作用。

冬凌草茶

金银花茶

金银花茶是嵩山的特产之一，它以嵩山的金银花为主要原料制成。金银花茶以绿茶中炒青做原料，加上金银花窨茶。而金银花的选择、采收都大有学问。金银花茶闻之气味芬芳，饮之神清气爽，是夏季防暑降温、配制清凉饮料的佳品，同时又具有清凉解毒、通经活络等功效。常饮此茶，可以健身防病，延年益寿。早在2000多年以前，我们的祖先对金银花就已有一定的认识了。《神农本草》、《名医别录》中对金银花有记载，李时珍在《本草纲目》中对金银花久服可轻身长寿作了明确定论。

而在嵩山，金银花茶还有另外一层文化意义：相传达摩奉佛祖的法旨，从西天来到嵩山传授禅宗。时间不长，众徒云集，惹恼了早已在嵩山传道的寇天师，从此佛道两家就斗开了。寇天师命瘟道人偷偷把睡魔和瘟魔送到达摩同他的弟子们面壁的洞里，于是和尚们变得又困倦、又发烧。达摩叫大家到山上采来金银花，烧成茶水常饮。这样一来果然有效，和尚们个个红光满面，身强力壮。于是瘟道人大败而归。

金银花

金银花又称忍冬花。忍冬是半常绿灌木，茎半蔓生，叶卵圆形，开喇叭形的花朵。花初开时为白色，后逐渐转变为黄色，这是"金银花"名称的由来。

盛开的金银花

金银花的选择

　　金银花应选择白金银花，因其色白、香浓、内含成分丰富，窨茶效果最好。"窨"同"熏"，用于"窨茶叶"（把金银花等放在茶叶中，使茶叶染上花的香味）。

金银花的采收

　　夏季为金银花采收期，当花蕾由绿变白、上部膨大时，在晴天上午9时(露水未干)前采摘含苞未放的花蕾，此时花的香气最浓，也有利于保持花色。

金银花茶

武则天封禅

　　封禅是古代帝王祭祀天地的重大活动。封为"祭天"，禅为"祭地"，是国家最高祭祀大典。自秦汉以后，有多位皇帝在泰山举行过封禅大典，认为泰山为"天下第一山"。而武则天则选择在嵩山举行封禅大典，独树一帜，为嵩山增色无限。

　　关于这次封禅，《资治通鉴》对整个过程有详细的记载，包括起归的时辰与行程。而《新唐书》则描述了封禅的声势浩大，所动用的人力、物力、财力空前。以后武则天又多次到过嵩山，有拜访，有游玩，也有求佛，留下的遗迹极多。她改嵩阳县为登封县，改阳城县为告成县，以示她"登"嵩山"封"中岳，大功"告成"。同时也留下了多个景点，如石淙河的三阳宫、石淙会饮与摩崖碑，峻极峰投金简处等。而她所到之处也成为历史上的佳话，如八龙潭、九龙潭、观音洞、观鱼洞等。由于她信佛、信道，很多寺院因此而重修、增修，如会善寺内的镇国金刚佛像、殿宇、戒坛和塔等。也正是由于她在嵩山封禅，嵩山五岳之中的地位才更加深入人心。

《资治通鉴》

　　《资治通鉴》是北宋司马光主编的一部多卷本编年体史书。它以时间为纲，事件为目，记述了从公元前403年到五代后的历史，是中国第一部编年体通史，是一部重要的史书。

少林寺御笔匾额

《新唐书》

　　《新唐书》是记载唐代历史的纪传体史书。全书共225卷，包括本纪10卷，志50卷，表15卷，列传150卷。所增列传多为本人的章奏或后人追述、碑志石刻和各种杂史、笔记等。

金简

　　金简是指武则天大病痊愈之后向嵩山投放的除罪金简，共三枚。从发现的一枚看，金简为竖长方形，长36.3厘米，宽8.2厘米，重247克，黄金纯度在96%以上，金简上镌刻"除罪祈福"的字词。

武则天封禅

文学作品中的嵩山

诗韵嵩山

嵩山为五岳之一，以风景名胜和文化胜地而闻名于世，自然也是文人歌咏的对象，在文学作品中嵩山的形象时有出现，如白居易的《送李滁州》：君于觉路深留意，我亦禅门薄致功。未悟病时须去病，已知空后莫依空。白衣卧疾嵩山下，皂盖行春楚水东。谁道三年千里别，两心同在道场中。此诗就是借送别之口，写胸中之意，指出嵩山可以修身养性，以至于可以不在乎人生的聚与散。再如宋之问《下山歌》：下嵩山兮多所思，携佳人兮步迟迟。松间明月长如此，君再游兮复何时？诗中写嵩山给了诗人很多感触，以至于归的脚步"迟迟"，一是因为心有

所思，所以脚下迟慢；二是因为嵩山景色宜人，所以不忍归去。这还不算，诗人为了强调自己的情感，还未归去已经在想何时重游的事了，以此来写自己对于嵩山的不舍。又如杜牧《洛中送冀处士东游》，以"嵩山高万尺，洛水流千秋"来开导朋友"人生一世内，何必多悲愁"，诗人已经把嵩山精神化了。由此可见，嵩山及相应的嵩山文化对后人的影响之大。

白居易

白居易，字乐天，号香山居士，河南新郑人，唐代伟大的现实主义诗人，中国文学史上负有盛名且影响深远的诗人和文学家，倡导过"新乐府运动"。他的诗歌题材广泛，平易通俗。

宋之问

宋之问，字延清，汾州人，初唐时期的著名诗人。其父"富文辞，且工书，有力绝人，世称三绝"。三子各得一绝：宋之悌骁勇过人，宋之逊精于草隶，宋之问工专文词，成为佳话。

杜牧

杜牧，字牧之，号樊川居士，唐代诗人。杜牧人称"小杜"，以别于杜甫。与李商隐并称"小李杜"。因晚年居长安南樊川别墅，故后世称"杜樊川"，著有《樊川文集》。

图书在版编目（CIP）数据

嵩山/ 王淑清编著. —— 长春：吉林出版集团股份有限公司，2013.1
（中华美好山川）
ISBN 978-7-5534-1385-3

Ⅰ．①嵩…　Ⅱ．①王…　Ⅲ．①嵩山-介绍　Ⅳ.①K928.3

中国版本图书馆CIP数据核字(2012)第316554号

嵩山
SONG SHAN

编　　著	王淑清	
策　　划	刘　野	
责任编辑	祖　航　李　娇	
封面设计	隋　超	
开　　本	680mm×940mm　1/16	
字　　数	42千	
印　　张	8	
版　　次	2013年1月第1版	
印　　次	2018年5月第3次印刷	

出　　版	吉林出版集团股份有限公司
发　　行	吉林出版集团股份有限公司
地　　址	长春市人民大街4646号
	邮编：130021
电　　话	总编办：0431-85618719
	发行科：0431-85618720
邮　　箱	SXWH00110@163.com
印　　刷	湖北金海印务有限公司

书　　号　ISBN 978-7-5534-1385-3
定　　价　25.80元